MARALUCK

EL DESPERTAR DE LA MAGIA

Runas, **mitología ibera** y rituales ancestrales

Papel certificado por el Forest Stewardship Council®

MIXTO
Papel procedente de
fuentes responsables
FSC® C117695

Penguin
Random House
Grupo Editorial

Primera edición: julio de 2023

© 2023, Mara Luck, por el texto y las ilustraciones
© 2023, Penguin Random House Grupo Editorial, S. A. U.
Travessera de Gràcia, 47-49. 08021 Barcelona
Diseño: Penguin Random House Grupo Editorial / Lourdes Bigorra
Ilustraciones de las páginas 107, 152 y 154: iStock

Printed in Spain – Impreso en España

ISBN: 978-84-02-42888-2
Depósito legal: B-9.447-2023

Compuesto en Comptex & Ass., S. L.
Impreso en Gómez Aparicio, S. A.
Casarrubuelos (Madrid)

BG 2 8 8 8 2

ÍNDICE

INTRODUCCIÓN

Desde que soy pagana y practicante de brujería siempre he intentado encontrar mi sitio. Tradicionalmente, buscamos siempre fuera de nuestro entorno hacia culturas más llamativas o incluso más explotadas, pero con el tiempo entendí que nuestro territorio es parte de nosotros, que nuestros ancestros son igual de válidos que los de los demás y que, por mucho que no estén tan explorados como en el caso de otras civilizaciones, es igual de válido trabajar con ellos, o incluso más. Por esta razón empecé a investigar sobre nuestros antecesores y no tardé en enamorarme de la manera que tenían de entender el mundo y dar las gracias a sus dioses, tan diferentes a los demás; de su forma de proceder ante los actos mágicos y, por supuesto, de su brujería. Porque sí, la brujería existe desde que el ser humano tiene uso de razón. La magia, la fe en los dioses y la brujería nacen junto con nuestro pensamiento o nuestra razón: la necesidad de expresar ha creado en muchas ocasiones el arte e, incluso, una forma de vivir que, miles de años después, sigue teniendo influencia en nosotros. ¿Qué mejor que rebuscar en el origen de las cosas para entender cómo deberíamos hacerlas ahora? Debes entender dónde está ese origen, la raíz de tu lugar de nacimiento, para sacarle el máximo partido a tu práctica e, incluso, a tu fe.

Uno de los problemas que afronto a diario como bruja tradicional ibera es la falta de conocimiento accesible que existe sobre esta cultura. Sí, hay información, pero raras veces la vemos en un libro comercial en una librería cualquiera. Esta información se obtiene de estudios, tesis doctorales y de muchas reuniones con profesores de arqueología e historia. Aun así, soy consciente de que es complicado llegar a saberlo todo con certeza. ¿Qué conocimiento albergamos de toda la historia, realmente? Si nos planteáramos esa cuestión acerca de cualquier civilización, tendríamos la misma incertidumbre, ya que a diario surgen acontecimientos nuevos que modifican y reestructuran los conocimientos que dábamos por sentados. Del mundo ibero sabemos mucho, pero no tanto como deberíamos. ¿Por qué? Es bien sabido que, al no tratarse de una civilización que despierte el mismo interés que otras, no hay tanta investigación como puede haberla, por ejemplo, sobre la cultura egipcia o la mitología noruega. Por otro lado, muchas veces damos menos valor a lo que tenemos en casa porque lo que se nos presenta desde fuera llega mucho más adornado. Si sabemos mucho de otras civilizaciones es porque se ha invertido más dinero, más tiempo y más pasión.

Cuando descubrí mi práctica actual también sentí que no era tan divertida como la épica magia nórdica, pero, conforme vas aprendiendo, te das cuenta de que no es ni mejor ni peor, sino diferente. Ojo, una pequeña aclaración: no tardarás en darte cuenta de que todas las culturas mágicas son muy parecidas, pues el ser humano repite patrones. El pueblo ibero es cuna de grandes civilizaciones, e igual que muchos pueblos influyeron a los iberos, estos también tuvieron influencia sobre otras culturas como la griega, la romana o, incluso, la de los pueblos germánicos.

Una vez escuché decir a un historiador que somos como somos gracias a lo que nos dejó el pueblo ibero. Es cierto: no somos tan diferentes como pensamos y, si hay alguna diferencia, es por la adaptación al territorio. Celebramos, vivimos e incluso morimos de forma muy parecida. Los iberos sabían la importancia que tenían los elementos naturales y los alzaban a sus dioses, que a veces no tenían nombre porque algo que ya conoces desde que naces no siempre necesita ser nombrado. Bastaba con sentirlo, y son miles las tradiciones que nos dejaron como herencia. En mi caso, me invade un gran sentimiento de orgullo. Pensamos que somos más modernos, pero, seas de donde seas, si miras atrás seguro que tienes una tradición dentro del mundo de la brujería que te ha marcado. Este libro trata de eso: de lo que fue y sigue siendo la península ibérica, de cómo hacían magia los iberos y de la tradición tan poderosa que tenemos en este lado del planeta. Sin embargo, también es una forma de ver qué podemos hacer para acercarnos más al origen, al principio e incluso a lo primario, sin adornos y rindiendo culto a lo auténtico, a lo ancestral.

Tengo que advertir que este libro es el resultado de largos años estudiando a los iberos como bruja tradicional: me interesan muchísimo su religión, sus ritos y sus creencias porque, debido a mi práctica y camino espiritual, me he visto obligada a rebuscar en el baúl de los recuerdos más lejanos. Sé que jamás se sabrá todo sobre las creencias de mis antepasados, pero estoy convencida de que, por mucho que creamos conocer la historia del pueblo nórdico, el celta o incluso el eslavo, existen muchas lagunas, y la información que se tiene es, en gran parte, una reconstrucción. Como me dijo mi profesora de Historia del Arte hace unos años: «Toda la historia es una posible mentira». Como verás, se ha recopilado mucha base histórica a partir de una infinidad de fuentes, pero existen rituales adaptados a nuestro tiempo para ayudarte a celebrar la magia de una forma tradicional y ancestral desde la comodidad de tu hogar.

Este libro incluye, pues, todo este conocimiento contrastado y accesible, pero también mi experiencia y mis creencias, no solo en historia ibera, sino también como bruja tradicional ibera. Aquí hablaremos del pasado, pero también encontrarás ejercicios y rituales para poder integrar en tu práctica parte de esta tradición.

Te doy la bienvenida a la magia ibera.

1

ESE PUEBLO AUTÓCTONO LLAMADO IBERO

No fueron los iberos quienes se autodenominaron así; fueron los griegos, con el fin de determinar al conjunto de pueblos del suroeste y el levante de la península ibérica (marcado, precisamente, por el río Iber, actual río Ebro) y diferenciarlos de otros pueblos de la península, que tenían costumbres e incluso lenguas distintas. Algunos de ellos eran los pueblos celtas y celtíberos, aunque a veces las diferencias entre ellos eran imperceptibles.

Desde su nacimiento hasta su desaparición, los iberos fueron un misterio muy mágico: ni siquiera los expertos, historiadores o arqueólogos se han puesto de acuerdo. Algunos sostienen que eran autóctonos del territorio de la península ibérica. Otros, sin embargo, explican que provienen del pueblo tartesio, que se fue desplazando y evolucionó gracias a las culturas que iba encontrando en su camino. Es una teoría interesante, pero lo cierto es que escasea la información sobre los orígenes de los tartesios. Es decir, ¡estamos en las mismas!

Existe una tercera teoría, según la cual los iberos serían el pueblo atlante, o los pocos que pudieron huir de la catástrofe. La civilización perdida de la Atlántida, según Platón, en sus diálogos *Timeo* y *Critias*, se situaba cerca de las columnas de Hércules, en el estrecho de Gibraltar. Los egipcios tienen testimonios de esta desarrollada civilización, que fue viajando desde Andalucía hasta lo que ahora es Italia, y se afincó en Mesopotamia para acabar en Egipto. Fue un pueblo que se vio obligado a ser nómada y a buscar un lugar donde asentarse. Puede ser un mito o no. No voy a posicionarme, ya que creo que cada uno es libre de creer lo que quiera a pesar de que no existan fuentes históricas. Tampoco las hay para muchas cosas y no pasa nada.

Según Estrabón en *Geografía*, III, tanto los hombres como las mujeres iberos tenían creencias, ritos y una actitud muy aguerrida. Eran capaces de subsistir solos sin la necesidad de los avances de otras civilizaciones, y así fue durante muchos siglos. Sin embargo, los romanos se contradicen al hablar de los iberos: unas veces afirman que eran un pueblo bárbaro, sin leyes ni códigos, donde reinaba el caos y el desconocimiento, pero en muchas otras ocasiones hablan de ellos con admiración. Algunos exploradores, historiadores e incluso geógrafos romanos dicen de ellos que poseían conocimientos de todas las ramas, que tenían sus propios dioses, sabían sacar partido a sus tierras y animales, e incluso que tanto hombres como mujeres eran grandes guerreros. En cualquier caso, los iberos no dejaban indiferentes a los romanos. Que hablaran mal de ellos podía indicar un complejo de inferioridad, pero también una voluntad de debilitar. Aunque es evidente que el pueblo romano estaba muy avanzado, creer que los demás no lo estaban tanto o incluso ver la capacidad que esos otros pueblos tenían para adaptarse a la tierra podría haber causado inseguridad.

Sus dioses (de los que hablaré más adelante) eran desconocidos hasta hace poco. Por supuesto, el conocimiento que se tiene ahora de ellos no se acerca al que se tiene de otros pueblos, pues la cultura ibera está muy oculta y no existe un esfuerzo para darla a conocer en ninguna parte del mundo, mientras que en la investigación de otras civilizaciones se pueden invertir millones de euros o dólares al año. La cultura ibera está en el baúl de los recuerdos, y parece que solo nos referimos a ella para decir que eran unos incultos y que venimos de ellos. Para nada más. Cuando, en la escuela, estudié historia de España y me hablaron de nuestros antepasados, fue así: «venimos de los iberos», punto. Ni fechas, ni cultura, ni características de su sociedad. Nada.

La mayor parte de su mala fama no solo viene de su descuidada investigación (no generalizo, ya que he conocido bellísimas personas, también profesores de universidad, que se han esforzado cada día de su vida por y para los iberos), sino que también tiene que ver con el hecho de que estuvimos bajo la dictadura de Francisco Franco, a quien le encantaba su cultura y la braveza y el poder iberos. El dictador español luchó por traer de vuelta la Dama de Elche del Louvre de París, e incluso llegó a un acuerdo con el jefe de Estado galo para intercambiarla por otra obra de origen francés. Sin embargo, a pesar de hacer un bien por la cultura de todos nuestros ancestros, también la manchó. De la misma manera que hizo Hitler con el símbolo de la esvástica, sacada de varias culturas orientales, como el budismo, el hinduismo y el jainismo (en las que simboliza buena suerte, prosperidad y abundancia), que actualmente vemos como un símbolo malévolo por todo lo que implica en la historia reciente. Si a un dictador le gusta algo, eso se convertirá en algo maldito. Son muchas las personas que, aún hoy en día, sin interés de investigar, menosprecian a todos los que aman su cultura ancestral, cuando ni siquiera en esa época existía ese tipo de pensamiento dictatorial o agresor. Personalmente, cuando pienso en la Dama de Elche no veo solo una escultura admirada por un dictador; veo mucho más que eso.

Los iberos formaban un pueblo unido, donde la mujer era igual al hombre, donde cada uno tenía una responsabilidad y un rol que cumplir. Cada cual tenía su valía, aunque veremos que existía una especial devoción hacia la mujer, en tanto que diosa terrestre capaz de crear vida en su vientre. La mujer era la representación terrenal de la diosa, y, por supuesto, eran conscientes de esto. En este libro profundizaremos en las creencias, ritos y maneras de crear magia de los iberos. Y, sobre este último punto, debo decir que sí, que la creaban y la conseguían, como nosotros podemos hacer ahora. Era una civilización muy unida a la naturaleza y, en la mayoría de los casos, no tenían nombres para la deidad solar ni la lunar: la veían como una energía y no como una personificación a la que atribuir rasgos humanos. Así pues, como se trata de una energía, no tiene, en realidad, ningún género, es decir, que puede ser dios o diosa dependiendo de la manera en que uno quiera verla. Yo me voy a referir a esta deidad como diosa para evitar confusiones.

Por ejemplo, Betatun, diosa de la fertilidad, los campos y la salud (veremos como muchas deidades acaban convirtiéndose también en dioses de la salud y la enfermedad), tiene, según los iberos, una forma abstracta, no antropomorfa, ya que debía transmitir de la misma manera que lo hacen las pinturas rupestres: sin afán de perfección.

Nota personal: esta ha sido siempre mi forma de entender las divinidades. Para mí son energías que tienen atributos distintos: la energía del dios del sol no es la misma que la de la diosa del agua. Y, a pesar de gustarme estéticamente los dioses que tienen un físico humano potenciado al mil por ciento, si soy sincera, los entiendo mejor como energías. Pero sobre dioses ya hablaremos más detenidamente en el capítulo dedicado a ellos.

Uno de los puntos que quiero destacar en esta primera idea sobre el pueblo ibero es, pues, el poder de la mujer ibera. Cuando estudiaba ilustración en la Escuela de Artes, pensamos en un proyecto (que finalmente no salió) que consistía en ilustrar el mundo ibero. Hicimos una investigación, e incluso vinieron miembros del museo e historiadores a explicarnos conceptos como, por ejemplo, que la mujer ibera era capaz de parir y, a la media hora, seguir trabajando en el campo con el bebé pegado al pecho. Sea o no cierto, existen muchos testimonios arqueológicos que confirman que la mujer ibera era igual al hombre y, a veces, incluso superior. Toda una serie de características (que iremos desarrollando a lo largo del libro) nos llevan a entender que los iberos formaban una sociedad bastante matriarcal en la que las damas y las sacerdotisas eran las que «cortaban el bacalao». La mujer gozaba de un respeto absoluto por miles de razones. Creo que en buena parte ese es el motivo de que me fascine tanto este pueblo y me considere una bruja que trabaja con el panteón ibero. Si sus mujeres eran así, imagínate las energías que encarnaban las deidades femeninas, y, sobre todo, cómo eran las sacerdotisas y qué eran capaces de hacer para honrar a sus deidades.

Con esta panorámica del mundo ibero, nos adentramos, pues, en la fascinante manera que tenían de hacer su magia.

2
MAGIA SIMPÁTICA
O EMPÁTICA

L a magia simpática es más común de lo que crees. Seguro que has leído el título y te has preguntado: «¿Tendrá que ver con el estado de ánimo?» Pues ¡no!

La magia simpática es la práctica que entiende que lo similar atrae a lo similar, por mucha distancia que haya. Existen dos variantes, y cada una tiene dos leyes que se deben respetar:

> Lo similar produce lo similar. Es decir, los efectos se parecen sus causas. Esta variante se basa en la ley de semejanza, según la cual la magia es imitativa.

> Las cosas que han estado en contacto siguen ejerciendo influencia mutua una vez separadas, sea cual sea la distancia entre ellas. Esta variante se basa en la ley de contacto o contagio, según la cual la magia es contaminante o contagiosa.

Esto sigue siendo así hasta el punto de que en la cultura china se cree que un pueblo o ciudad puede atraer la suerte o la desgracia a sus habitantes. Otro ejemplo es el del vudú, que utiliza esta magia para hacer el bien o el mal. En este caso se usa un muñeco: pinchando en la cabeza o el pecho se crea un daño a la persona, quemándolo se provoca la muerte y rodeándolo de pétalos de rosas o miel se crea un beneficio. Otros ejemplos son los congelamientos o los endulzamientos: el congelamiento sirve para «congelar» las intenciones malas de la persona que nos está molestando, y el endulzamiento, para atraer y crear un vínculo amoroso. Si se usan objetos que pertenecen a la persona, o que han estado en contacto con ella, el resultado es aún mayor gracias al efecto combinado de ambas leyes.

Las pinturas rupestres tenían el mismo fin: durante la prehistoria, para atraer la caza y poder comer, se pintaban animales y personas que los cazaban. Si dibujaban sacerdotisas (como en Despeñaperros, Jaén), era para estrechar el vínculo entre diosas y sacerdotisas. El arte era un acto de fe, de magia, y hoy en día no se entendería como expresión artística si no hubiera sido porque se creó a partir de la necesidad de pedir, de hacer magia o de agradecer algo a los dioses. De hecho, podríamos considerar el arte la base de la magia.

Estas pinturas se encontraban en uno de los lugares más importantes del antiguo mundo: las cuevas. Solían representar el vientre materno y el interior de la tierra fértil, pero también protegían de los peligros externos. Así, no es ilógico que todos los ritos, incluso en tiempos de la Inquisición, se hicieran dentro de cuevas. Para los chamanes, las pinturas rupestres, o, dicho de otro modo, la roca, eran el velo que separaba la realidad ordinaria del mundo de los espíritus. De hecho, hay muchas pinturas anteriores a la época de los iberos que consisten en manos pintadas, a las que en algunos casos les faltan falanges. Según estudiosos de la antropología prehistórica, se trata de una prueba gráfica de la creencia de que, detrás del muro de piedra de una cueva sagrada, habitaban los espíritus. Se creía que, traspasando la pared, era posible acceder al mundo de los dioses o los espíritus para hacerles peticiones o rendirles culto.

LUGARES SAGRADOS

Los lugares sagrados son tan importantes en el mundo ibero como sus rituales. En estos espacios se pedía y se agradecía, y también servían para crear mayor contacto con la divinidad y los espíritus de los antepasados.

LA CUEVA COMO SANTUARIO

Imagínate por un momento una cueva a oscuras. Solo se oye el débil sonido de las gotas de agua que caen del techo. Llevas una antorcha, un candil de tuétano o un pequeño fuego que se pueda transportar. Cuando quieres darte cuenta, esas pinturas cobran vida con el movimiento oscilante del fuego y los pasos. No es de extrañar que, desde los tiempos de la prehistoria, nuestros antepasados eligiesen las cuevas como lugares sagrados donde crear ese vínculo con la divinidad. La cueva es un lugar que simboliza el vientre materno en el que se gesta la vida, un lugar que nos ampara de todo lo malo y nos ofrece refugio. Como estar con la madre.

En la cueva de Las Monedas, en Cantabria, tenemos la suerte de ver aún unas manos pintadas con la técnica del estarcido. Esta técnica consiste en poner el objeto delante de ti, apoyado en la pared, y soplar pigmento para que el contorno se quede delimitado en negativo. Estas manos causan mucho misterio y expectación, y desde siempre se han creado varias teorías a su alrededor. Entre ellas está la teoría de que la cueva se considera un lugar donde conectar con los dioses, una especie de inframundo o, incluso, la antesala del mundo de los dioses, y, al pintar estas manos, da la sensación de que se introducen en la misma pared de la cueva, como si de una puerta se tratase. Es una teoría que me atrae especialmente cuando pienso en el rol que tiene la cueva en el mundo ibero.

Las cuevas facilitaban esa conexión y comunicación con los dioses, con los espíritus del entorno, pero sobre todo eran un ejercicio de conexión con uno mismo. ¿Por qué? Pensemos. Para nuestros ancestros, la cueva era la carencia de peligros. Los peligros —el tiempo, los animales salvajes— solían estar fuera; en cambio, en la cueva estaban a salvo: había pequeños ruidos que te hacían sentir en un entorno donde la paz imperaba. Imagínate estar solo en una habitación con escasa luz (y, especialmente, a la luz de la lumbre), escuchando el crepitar del fuego, que crea ese ambiente de hogar. Y es que esto era también parte de su hogar.

LUGARES DE PASO

Los lugares en los que se hacían paradas hacia un santuario también eran sagrados para los iberos. Y aquí viene lo interesante: una o dos veces al año, en días señalados como los solsticios o los equinoccios, los iberos peregrinaban a un lugar relevante en el que podían celebrarse varias actividades, entre ellas ofrecer a la deidad exvotos (de origen votivo o retributivo), para pedir algo o dar las gracias. Estos lugares eran importantes porque allí descansaban después de varios días de peregrinaje y podían comunicarse con la deidad o el entorno. La introspección era una de las actividades fundamentales. Este hecho nos recuerda mucho al Camino de Santiago, en el que el peregrino viaja a pie hasta la catedral y realiza un trabajo personal en el cual es muy importante el contacto con la naturaleza.

Otra de las actividades que se realizaban en estos espacios eran libaciones de agua, ya que solían ser lugares en los que había alguna fuente natural: el nacimiento de un río o un pequeño lago. Además de las libaciones a la deidad como agradecimiento por el éxito del camino, allí también podían asearse y dar de beber a los animales que los acompañaban.

LOS POZOS

Los pozos son lugares sagrados menos conocidos, aunque diferentes civilizaciones los han usado para pedir deseos, ya fuera tirando una moneda o susurrando con los ojos cerrados las cosas que la persona quería conseguir. Para los iberos, los pozos eran otra puerta para conectar con los dioses más hacia el mundo subterráneo.

Existe un pozo en la calle Elvira de Granada dedicado a un dios poco conocido llamado Airón, dios de las aguas dulces y las aguas subterráneas. Curiosamente, los iberos no solo lo usaban para rendirle culto (eso lo hacían en manantiales, fuentes y simas), sino que también tiraban ofrendas o animales sacrificados en su honor para que no hubiera terremotos, ya que creían que Airón los provocaba soplando desde el interior de la tierra.

Los iberos creían que ese dios vivía allí y que se trataba del foco sísmico de muchos terremotos: temían que, si tapaban el pozo, los temblores lo destruirían todo. También hay pozos dedicados a este dios en el castillo Gibralfaro de Málaga, en el castillo de la Mota de Valladolid o en Uclés.

¿Cómo hacer magia simpática hoy?

Seguro que conoces la ley de atracción y otras mil maneras (que se han hecho virales en internet) de atraer todo lo que deseas. En realidad, esta ley universal que ha inspirado a miles de personas, incluso a personas exitosas, a crear, modificar y organizar sus vidas de ensueño consiste básicamente en seguir las normas de la magia simpática.

Una de las cosas que se suele decir es la siguiente: «No te centres en el método de la manifestación, sino en cómo te sientes manifestándolo». Los sentimientos constituyen un material muy importante dentro de esta magia: de nada sirve lo que hagas si no recreas ese sentimiento, esa vibración, esa euforia del saber que algo que deseas ya lo tienes.

Cuando los humanos prehistóricos pintaban en las cuevas sus deseos (carne, comida, fertilidad, etc.), no se limitaban a pintar; se organizaban, pensaban primero el orden de los colores y el significado de cada uno de ellos, aprovechaban la forma de la roca en la que dibujaban… Es decir, lo planeaban todo. Sentían, vivían y recreaban en sus mentes el momento en el que su deseo se cumpliría. ¿Cómo se sabe esto? Fácil, utilizaban la danza, el fuego (con antorchas o en hogueras pequeñas) y la música para recrear un ambiente de trance o de hipnosis. De ese modo podían vibrar en consonancia con su petición a los dioses o a la diosa, si era dentro de una cueva. El resplandor del fuego en el interior daba volumen a esos grandes animales pintados y creaba la ilusión de que estaban vivos; la música, la danza, las vueltas sobre uno mismo… Todo contribuía a la sensación de que los animales se movían. La magia simpática (o cualquier tipo de manifestación a partir de la magia) no se basa en juntar elementos, sino en vivirlos. Sentirlos.

RITUALES DE MAGIA SIMPÁTICA

Como lo similar atrae a lo similar, uno de los rituales que se usan mucho en diferentes partes de España es plantar monedas. Cuando plantas algo, quieres verlo crecer y dar frutos. En eso consiste exactamente este ritual. Otra ceremonia muy conocida en nuestras tierras es escribir los deseos en la Noche de San Juan y pasarlos por el fuego, un elemento transformador que hace que este tipo de ritual también sea magia simpática. A continuación, te presento algunos ejercicios rituales más para poner en práctica esta magia.

Ejercicio: Mano de poder

En este ritual vamos a usar una mano de madera como las que usan los pintores para medir las proporciones y la perspectiva de manos, siempre tan difíciles de dibujar.

Los elementos que necesitaremos dependen muchísimo de lo que deseemos, pero aquí tienes una lista de ejemplos para que no te sientas perdido a la hora de hacer el ritual.

> **DINERO:** monedas, billetes...

> **ÉXITO LABORAL:** un minicontrato impreso con tus datos, corbatas, un cartel con tu nombre, algo que se relacione con el puesto de trabajo que deseas.

> **AMOR:** un corazón dibujado en la palma de la mano o en un trocito de papel, pétalos de rosas.

> **ABUNDANCIA:** lazos amarillos, monedas, canela, granos de arroz, judías, etc.

Puedes usar todo lo que se te ocurra: piedras, minerales, hierbas con el poder mágico correspondiente, colores, símbolos, runas… Esto no es más que una pequeña guía, pues, al ser una magia mental y sensorial, no todos tenemos las mismas ideas respecto a lo que añadir o quitar.

Vamos a seleccionar los elementos y limpiarlos todos con el humo de hojas de laurel y una rama de canela. Lo único que tienes que hacer es prenderles fuego y dejarlas en un cuenco resistente al calor. Luego, deberás ir pasando cada elemento por encima del humo.

A continuación, ve colocando cada elemento en el centro de la mano de madera mientras imaginas que esa mano eres tú y que lo que se encuentra en el interior te pertenece.

Cuando termines de colocar todos los elementos, cierra los dedos de la mano empezando por el anular y terminando por el meñique. Por último, átalos con algo que simbolice esa abundancia, como un lazo o hilo rojos.

Ejercicio: Conociendo
el alma de la cueva

Este ejercicio no empecé a hacerlo hasta haber visitado más de diez cuevas, y creo que es uno de mis favoritos.

En muchas cuevas no se permite el uso de móviles, como pasa en casi todas las de Cantabria. Sin embargo, si vas a alguna en la que sí te dejan usarlo, creo que es importante recalcar que te olvides de él. Mejor aún si lo apagas, porque, si haces bien el ejercicio, cuando salgas no serás la misma persona.

Tómate todo el tiempo del mundo para elegir la cueva. Puedes incluso investigar cuál es la que te queda más cerca o elegir también abrigos naturales en los que haya pinturas rupestres. Por ejemplo, en Andalucía tienes bastantes, como la Cueva de los Letreros, en Almería, donde está pintado el Indalo, o el abrigo de Las Sacerdotisas, en Jaén.

La primera parte, pues, consiste en un trabajo previo: investigar dónde están estos lugares de poder que se consideraban santuarios y leer sobre su historia. Tener cierta información sobre el lugar te servirá para relajarte mentalmente.

El día que decidas ir y te veas dentro de la cueva, debes hacer un ejercicio de respiración para relajar el cuerpo, el alma y la mente. Es muy importante este paso, ya que debemos estar relajados para ser sensibles a los pequeños estímulos que sintamos inconscientemente. Una vez llegados a ese punto de relajación, entramos en un estado de ondas cerebrales Theta, en el cual la calma te sumerge en un «estado alterado», propicio en las personas que son más sensitivas y están acostumbradas a entender el entorno y las energías que lo impregnan.

Cuando seamos capaces de sentir este tipo de energías o estímulos, podremos acceder, con la práctica y el tiempo, a mucha información que se oculta tanto en nosotros mismos como en el entorno. De esta forma, recordamos una de las funciones de las cuevas: la visión introspectiva que tenía el chamán o las personas que se adentraban en ellas, ya fuera para dibujar en las paredes o para refugiarse de los peligros externos. Conforme lo vayas practicando, tu visión y tu experiencia sensitiva se irán desarrollando de tal manera que podrás hacerlo en el espacio que tú decidas. Es más, tu propia intuición te pedirá que vayas a ciertos entornos que quizás antes pasabas por alto. Muchas veces entramos en los sitios con una idea preconcebida, o con las expectativas de las experiencias de los que han ido anteriormente a esos lugares. Cuando eso ocurre, nos olvidamos de crear una experiencia única y de vivir estas sensaciones.

Una vez en el entorno escogido y en estado Theta, estas son las preguntas que deberíamos hacernos:

> ¿Qué ruidos estoy escuchando y de dónde vienen?

> ¿Hay corrientes de aire?

> ¿Qué es lo que siento realmente?

> ¿Qué es lo que esto provoca en mi cuerpo?

ARTE MÁGICO

La mayor parte de las veces que hablamos del arte o pensamos en él, no somos conscientes de que lo podemos concebir como tal gracias a la necesidad que tenían los antiguos pueblos (desde la prehistoria) de representar, amar o incluso dar las gracias a sus deidades. El arte es arte porque nace como una expresión de gratitud y de devoción, y creo que, si no hubiera estos sentimientos detrás de cada obra, hoy en día no concebiríamos el arte del mismo modo.

Pero también era magia: era un modo de manifestar, de visualizar lo que se quería conseguir. Te asombraría la importancia que tenía para ellos el hecho de seguir unas pautas y unas normas cuando se comunicaban con sus dioses. No pintaban o rayaban sin más; lo hacían con respeto y utilizaban colores con un significado establecido que veremos más adelante.

Demostraban sensibilidad y pasión hacia sus «superiores», pedían y agradecían, rendían culto a la diosa y admiraban en cada ritual su obra acabada. Estos espacios en los que pintaban, las cuevas, se convertían después en los santuarios en los que se llevaban a cabo sus rituales.

Ahora te preguntarás qué tendrán que ver nuestros antepasados más lejanos con los iberos, ¿verdad?

Es muy sencillo. A pesar de los miles y miles de años que los separan, tienen el mismo pensamiento: lo semejante atrae a lo semejante, y dos cosas que han permanecido alguna vez unidas permanecen siempre en contacto, independientemente de la distancia y el tiempo transcurrido. Por tanto, se comportaban igual. Incluso hoy en día nosotros tampoco hemos cambiado mucho y seguimos comportándonos de la misma forma.

Seguro que leyendo todo esto te has planteado en qué momento, como bruja o persona espiritual, has dibujado algo para asociarte a este arte mágico en tu día a día. Lo cierto es que no se me ocurre nada que no lleve dibujos.

Yo, como profesional del tatuaje, he atribuido alguna intención o propósito a un dibujo —siempre con el permiso de mi cliente— o lo he creado desde cero dejándome llevar, y le he dado una intención que después se ha trasladado a la piel en forma de tatuaje. Hay infinidad de posibilidades. El arte es pasión, es dejarse llevar y sentir. Todo cuadro, escultura, canción o paso de danza tiene energía, tiene intención. Para el hombre prehistórico y el ibero eran los espíritus del inframundo los que decidían lo que se conservaba y lo que no; cuando lo pintado no desaparece, se convierte en sagrado y es respetado con grandísima devoción, ya que las cuevas eran como la antesala del más allá (es decir, como estar al lado de los dioses). A continuación, profundizaremos en las normas que tenían antiguamente a la hora de crear, de manera que podamos tenerlas en cuenta cuando las necesitemos.

COSMOGONÍA ARTÍSTICA

Estas imágenes son narraciones, de derecha a izquierda, de mitos, rituales visuales y del mantenimiento del cosmos. Se usaban símbolos gráficos para representar dioses, seres divinos y mortales.

Se utilizaban los pigmentos naturales, así que hoy en día es frecuente ver a una bruja tradicional usar pigmentos naturales de origen mineral o vegetal. Los colores están cargados de simbolismo e intención. Estos son los principales:

> **NEGRO:** el primer color utilizado, ya que era el que se usaba en los bocetos para indicar dónde se añadiría después cada color. Es el color del inframundo y de la feminidad. ¡Sí!, de la feminidad. También representaba esa época oscura que ellos concebían antes de la llegada de los dioses.

> **ROJO:** este color, situado después del negro, representa la masculinidad. Se asociaba también con el fuego y la sangre, con el ardiente sol invicto, como lo llamaban los romanos.

Según los estudios, intentaron fusionar estos dos colores para hacer una alegoría de lo masculino y lo femenino, pues daban paso a la creación y el origen del sol fértil.

> **OCRE:** los tonos ocre ocupaban el tercer lugar porque hacían referencia a los rayos del sol. Y no a cualquier rayo de sol, sino a los de la mañana, unos rayos fuertes y amenazantes entre la penumbra de la noche (negro) y el crepúsculo de la mañana (rojo).

> **BLANCO:** por último, el color que más se mancha, el blanco. Este representa la luz del mediodía, los sacrificios, la deidad y la devoción hacia ella. También hacía referencia a la transformación, el retorno y, con esto, al ciclo de la vida continua hasta lo negro.

Así que, como ves, nada, absolutamente nada, está hecho sin un propósito. Cuando estudié estas cuestiones en Historia del Arte, mi pensamiento fue: «Están más organizados que yo, y eso que se supone que ahora tenemos más medios y somos menos incivilizados que antes». Me llevé una gran sorpresa al descubrir que los iberos no eran tontos (tampoco los chicos de la prehistoria, ¿eh?). Eran más inteligentes de lo que creemos, pero a causa de la romanización pensamos que no es así. Aquí va una pequeña muestra de ello: solemos ver a los iberos como un pueblo olvidado, lleno de guerreros brutos, pero nada más lejos de la realidad. Era un pueblo sensible que creaba arte, que transformaba algo cotidiano en mágico, y, gracias a ello, podemos conocer algunas de sus deidades.

Ejercicio: Arte mágico

Es cierto que hay psicología del color, pero cuando la estudié asociada a la brujería me di cuenta de que es más intuitiva de lo que nos creemos. Por eso vamos a trabajar con los colores, pero con su parte intuitiva. Si luego quieres asegurarte de su significado en fuentes externas, adelante, pero prefiero que lo abordes desde el desconocimiento a que lo hagas desde la certeza. Con esto trabajamos nuestros lados racional e irracional y conectaremos con nuestro subconsciente y con nuestro cerebro reptiliano a la vez. Esto tiene grandes beneficios, ya que llegaremos a ser personas más conectadas con nosotros mismos, y así nos volveremos más sensoriales con el entorno.

Lo primero que nos vamos a plantear es qué queremos atraer y manifestar, o qué queremos trabajar en nosotros mismos para tener las ideas claras y poder enfocarnos desde el principio. Una vez que nos hemos decidido y estamos centrados, tomamos aire y pensamos en el aquí y ahora, además de en nuestra meta. Aviso: a mí me gusta usar música chamánica, meditativa, para estos ejercicios, o, si voy a trabajar algo para lo que necesite mucha positividad y movimiento, elijo algo de folk alegre. Vamos a escoger colores, que dispondremos delante de nosotros. Yo aconsejo que sean pinturas más plásticas, más sensoriales, como témperas, acuarelas o pinturas al óleo. Los lápices son algo más rígidos y dan menos juego del que podrían dar el agua y las acuarelas, por ejemplo.

Vamos a enfocarnos en nuestra petición a los dioses o, como decía antes, en esa parte de nuestro ser que queramos desbloquear, como cuando trabajamos con nuestra sombra.

A continuación, vamos a fluir, vamos a dejarnos llevar y vamos a elegir los colores que nos vibren con la petición, intentando alejarnos de lo básico. Por ejemplo, si queremos atraer el dinero, no uses solo el amarillo; intenta vibrar con los demás colores y ver qué juego te pueden dar. Pero no pienses demasiado, fluye lo más que puedas.

Es evidente que al principio serás un poco hermético, pero conforme vayas practicando esto, no solo mejorarás tu sensibilidad e introspección, sino que fluirás más con las diferentes técnicas y colores.

La energía, junto con la vibración de cada color, hará que esa petición, deseo o incluso meta que tienes actúen como la gasolina para atraer lo que deseas. El simple hecho de vibrar en consonancia con la petición produce un efecto de magia simpática. Tú te conviertes en lo que tú quieres. No hay mucho más que añadir. Es un ejercicio demasiado personal en el cual podrás hasta llegar a entender la mente primigenia que tenían nuestros antecesores y te darás cuenta de que cambiar, lo que se dice cambiar, no lo hemos hecho mucho. También debemos saber que a los dioses les gusta mucho el arte, así que quizás se te ocurra presentarlo como ofrenda, ya que también les regalas parte de tu energía (todo lo que hacemos tiene tanto nuestra energía como nuestro bien más preciado, el tiempo. No solo el dinero es energía).

Por último, a mí me gusta hacer este ejercicio: cortar de la hoja la parte más interesante de lo que me ha ocurrido ese día. Corto unos cinco o siete centímetros y lo añado a mi cuaderno de sueños, donde también escribo sensaciones de mi día a día, interacciones con el otro lado, *déjà vues* o corazonadas que sean curiosas, así puedo ver mi evolución con base en los sentimientos, peticiones, etc.

3
RUNAS IBERAS

Esta es una de las investigaciones más difíciles que he hecho en mi vida. Ya sabes que soy una fiel defensora de las runas y, como bruja tradicional, le tengo mucho amor a las runas de mi entorno, las iberas, pero durante todo el tiempo que llevo hablando sobre ellas he encontrado una cantidad muy grande de *haters* de estas runas y de mi propia cultura. Eso me ha permitido entender que, a veces, odiamos lo que no conocemos simplemente porque no nos resulta familiar. Lo malo es que, en ocasiones, es igualmente odiado cuando se da a conocer, a no ser que hable del tema alguien con una fama relevante o con mucho don de palabra. Siendo mujer, joven y un poco radical, te puedes imaginar los impedimentos con los que me he topado en estos años. Desde el momento en que empecé a estudiar los iberos y su mundo mágico-pagano, me he encontrado con un complot contra el tema, a veces hasta una conspiración, como si los españoles no tuviesen que sentirse orgullosos de sus orígenes. No debemos olvidar que los iberos ya estaban en la península ibérica antes que los romanos y que incluso el imperio romano admiraba la entereza, la fuerza y la educación adelantada de esta civilización.

Por eso voy a compartir contigo todo mi conocimiento y respeto, así como la investigación que me ha llevado días, noches e incluso madrugadas. ¡Empezamos!

RUNAS IBERAS SECRETAS

Muchos conocemos la gran variedad de runas nórdicas, incluso se habla de las runas celtas o las escandinavas. Evidentemente, las runas no son exclusivas de la magia nórdica, ya que desde tiempos inmemoriales hemos usado símbolos de carácter «alfabético» con un significado mágico: por ejemplo, el ojo de Horus de los egipcios, que también era un símbolo de protección. La escritura cuneiforme, por otro lado, también tenía algunos símbolos de connotaciones mágicas o ritualistas.

Pensar que los iberos no poseían esa magia parece algo clasista, ya que estamos diciendo de forma indirecta que se trataba un pueblo inculto sin sensibilidad para la magia o que eran tan «primitivos» que carecían de fe o religiosidad. Si así fuera, no conoceríamos sus ceremonias ni su famoso ritual funerario.

Los iberos nos han demostrado multitud de veces que esto no es así. Por ejemplo, cuando se encontró una placa honorífica dedicada al dios Nokika, la runa circular del dios Kaukor o, más recientemente, la mano de Irulegi.

En todos esos hallazgos se ven runas con intencionalidad mágica, que atraían suerte y protección para todo aquel que cruzase el marco de la puerta principal.

Cierto es que poco se sabe sobre el significado o la fonética de estas «letras». Sabemos que existen símbolos que constituían el lenguaje de los iberos y conocemos cuáles eran sus equivalentes en nuestro abecedario, pero, si intentamos traducir esos símbolos, no les hallamos significado. Por este motivo, mucha gente cree que las runas iberas no tenían una función mágica y consideran que hay que olvidarlas, cuando en realidad solo hace falta indagar un poco para averiguar su sentido.

Para entender una runa, no hace falta que su símbolo se traduzca por una frase o un gran texto. Una sola runa tiene su propio significado mágico, como pasa con todas las runas nórdicas, celtas, fenicias, etc.

La forma de escribirlas no se diferencia mucho de del sistema de escritura español. Es decir, se escriben de izquierda a derecha y de arriba abajo, ya que esta escritura, la de las runas, no proviene del mundo árabe o el asiático (donde se escribe de derecha a izquierda y de arriba abajo).

Esta era la manera habitual de escribir para los iberos cuando dibujaban en cuevas y contaban una historia, a pesar de que nuestra mente está diseñada para ver de arriba abajo y de derecha a izquierda. Un claro ejemplo de este tipo de escritura es la estela de la diosa ibera de la fertilidad (llamada Betatun), descubierta en Puente Tablas (Jaén). Esta estela forma parte de un ritual solar: en los equinoccios, la luz atravesaba la puerta del templo y bañaba la estela desde la cabeza hasta los pies, señalando el orden de interpretación.

Ahora bien, ¿cuándo me di cuenta de que, a pesar de no tener el significado de estas runas, podía trabajar mágicamente con ellas, al igual que con las otras, cuyo significado sí se conoce?

Pensé que, aunque fuera extremadamente difícil, posiblemente existiera una unión entre ellas, pues solo tenemos un origen. Vemos a diario sincretizaciones y dioses que en un panteón se llaman de una manera determinada y, unos cuantos kilómetros más allá, en otra cultura, se llaman de otra. Por ejemplo: la diosa Inanna de los sumerios es, para los babilonios, la diosa Ishtar. Más tarde, los fenicios la llamarán Astarté, para los griegos será Afrodita y, para los egipcios, Isis. Sin embargo, se trata siempre de la misma diosa y, aunque reciba nombres diferentes, el modo en el que funciona su magia no es tan diferente en cada tradición.

Para muchos estudiosos y expertos del lenguaje, el sistema rúnico nórdico proviene de un tronco central de la misma familia que el ibero. A su vez, este también tiene relación con el sistema rúnico de los fenicios, y estos dos con los tartesios. Dicho lo cual, y para simplificar, hay un sistema central de escritura y, de ahí, como si fuera un arbolito, fueron saliendo ramas, que son el ibérico o ibero, el fenicio, o el nórdico o *futhark* (el sistema ancestral de runas escandinavas).

No solo me pregunté cuál era la semejanza, o si era posible establecer alguna, sino también qué símbolos o pictogramas había en la prehistoria o protohistoria; es decir, cuál era el origen. Ya sabemos que las runas nórdicas, por ejemplo, representan cuernos, cruces, ganchos, ojos, etc., por el significado simbólico de todos esos objetos.

Así pues, hay un origen y una evolución, y sentí que esa era la mejor manera, actualmente, de poder trabajar con las runas iberas. Un pequeño *spoiler*, no solo encontré esa semejanza, sino que pude trabajar con fuentes (en la bibliografía las encontrarás).

Lo más difícil fue buscar testimonios, ya que hubo un largo periodo de tiempo —miles de años— en el que se escribía poco y no se conservaron muchos testimonios escritos (seguro que aún queda mucho por descubrir y que estos hallazgos modificarán las leyes de todos los lenguajes y sistemas de escritura). Cuando estos pueblos establecieron contacto con los pueblos semíticos, se empezaron a dar cuenta de la importancia de esos términos y palabras que se usaban verbalmente o se transmitían oralmente de familia en familia, por lo que empezaron a dejar testimonios escritos.

El abjad es el sistema de escritura de los fenicios, quienes abreviaron el sistema de escritura egipcia (los jeroglíficos) y crearon su propio alfabeto. Los fenicios, evidentemente, comercializaron su idea y la llevaron consigo a todas partes. Posteriormente, los griegos la cogieron prestada. Los símbolos iberos, como los de los pueblos germánicos, obtuvieron su raíz a partir de los símbolos fenicios. Los expertos del lenguaje nos dicen que todos tenemos una raíz en común, que el origen de dejarlo todo por escrito viene de la escritura fenicia. Y eso responde a muchas de mis preguntas:

> Hay un porqué y una manera común de hacer las cosas.

> No hay nada nuevo en cada conjunto rúnico, solo una adaptación.

Cuando has visto muchos ejemplos de escritura, está claro que tienes un abanico muy amplio en el que basarte o inspirarte, pero, cuando no has visto antes una escritura ni la has practicado anteriormente, tu imaginación es más escasa. Por ese motivo, precisamente, del «alfabeto» fenicio a los demás hay poca variación.

Recuerda que el sinaítico viene de la península del Sinaí, en Oriente Próximo. De ahí, precisamente, es de donde parten los fenicios y de donde vienen las lenguas semíticas.

Entre el sinaítico y el fenicio no hay prácticamente cambios ni variaciones, aunque el sinaítico es más expresivo y el fenicio más pulido.

En la tabla que encontrarás a continuación, puedes ver la evolución de los distintos sistemas de escritura, desde los jeroglíficos egipcios hasta el alfabeto latino clásico.

Evolución de la escritura de las runas y el alfabeto latino (tabla de Hermes Saucedo J.)

Runas iberas mágicas

Como te habrás dado cuenta, para explicar esta magia gráfica te pongo de ejemplo otras runas porque sé que a veces entenderlas como un igual es un acierto. Después de mi experiencia, veo intereses en común y una similitud entre las runas iberas y las runas nórdicas.

Ambas tenían un carácter ritual o mágico, lo cual se demuestra en estelas y en vasijas en las que aparecen runas iberas para bendecir a quien bebe en ellas, intentando aportar salud y prosperidad. También se percibe en las miles de placas que casi siempre hablan de un dios o diosa o, incluso, de algún príncipe ibero endiosado.

Ni en las runas germánicas ni en las iberas hay testimonios de que funcionaran como oráculo, aunque a veces en las nórdicas sí que hay textos (*eddas*) en los que se hace una leve referencia a esa cuestión. Sin embargo, nunca se especifica claramente que sean runas, aunque sí se deja claro en varias ocasiones que son una herramienta de autoconocimiento, un sistema simbólico que relaciona los conceptos primordiales de las antiguas culturas.

Para colmo, en muchos casos son reconstrucciones de lo que creemos que simbolizan en el mundo mágico y han pasado por varios significados dependiendo del runólogo que hablase de ellas. Todas estas versiones son suposiciones, ya que, como dice la propia palabra «runa», son un misterio, un susurro o un secreto: dependiendo de cada persona y de su práctica con ellas, tendrán unas connotaciones diferentes y personales. El camino de la magia es, en todos los casos, personal; cada experiencia proporciona una realidad diferente para cada persona. Su evolución jamás cesará y, como los conjuntos rúnicos de ahora se han basado en el antiguo *futhark* para hacer dichas reconstrucciones, con las iberas también podemos estudiar a nuestros antecesores. Todo es como una evolución de todo, y de ahí lo maravilloso del tema.

Es posible que conozcas alguna que otra runa nórdica, pues son superfamosas y se habla muchísimo de ellas, incluso en las redes sociales.

Sabemos que tienen nombre y que son un regalo al dios Odín a cambio de su ojo y de una larga meditación colgado boca abajo del árbol de la vida Yggdrasil.

Según lo que se ha comentado más arriba, también sabemos que su «A» simboliza la comunicación, el presagio y el conocimiento.

Con lo cual, al ver que la «A» nórdica representa lo mismo que en otros alfabetos rúnicos (si desde las runas egipcias, que están más atrás en el tiempo, hasta las nórdicas significa lo mismo, ¿por qué iba a ser diferente en las iberas?), solo tenemos que usar la runa del pueblo que más nos interese. De todos modos, debo añadir que cada cultura tiene una manera de trabajarlas, de tratarlas y de respetarlas y que, por supuesto, las runas iberas tienen sus propios dioses asignados, igual que las nórdicas.

A continuación, te dejo una tabla que he elaborado yo misma introduciendo las runas iberas en el lugar que les corresponde y otorgándoles el espacio que se merecen en la evolución.

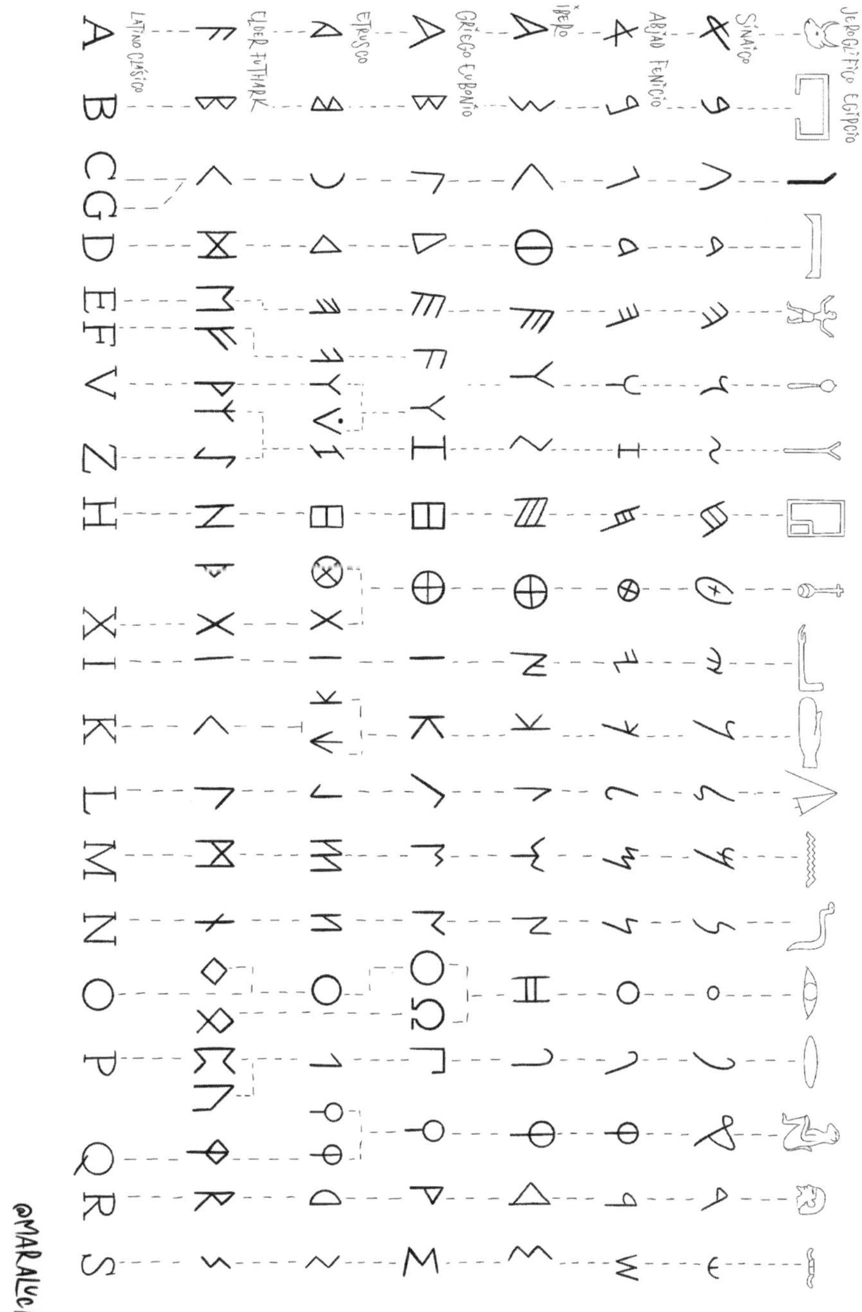
JEROGLÍFICO EGIPCIO
SINAÍCO
ABJAD FENICIO
ÍBERO
GRIEGO EUBOICO
ETRUSCO
ELDER FUTHARK
LATINO CLÁSICO
A B C G D E F V Z H X I K L M N O P Q R S T
@MARALUCK

¿Cómo trabajar con las runas iberas?

En esto sí hay grandes diferencias en cuanto a las demás runas, pues este libro es de magia ibera. El ibero era un pueblo bastante aguerrido, duro y culto, a pesar de lo que decía Estrabón en sus textos. Los iberos tontos no eran, desde luego, y se sabe por la gran cantidad de evidencias que nos dejan, y que nos hacen pensar que todos los ritos, incluso las runas, tenían una razón de ser.

La manera de trazar la runa es de izquierda a derecha y de arriba abajo, aunque también hay otra forma muy asociada con peticiones o definiciones de dioses, como es el ejemplo de la runa ibera de la paz. Se trata de una runa que habla de Nokika y que, al ser como una historia contada, se va leyendo en el sentido de las agujas del reloj para así volver al punto de origen. Es, por decirlo de alguna manera, un ciclo, un uróboro rúnico que transmite la sensación de infinito y permite leerlo una y otra vez en forma de mantra.

Te preguntarás si es posible hacer tus propias runas radiales. Solo por pensar algo así, algunas personas te considerarían un hereje. Sin embargo, y como bien dice Edred Thorsson, yo pienso que cada uno en su práctica puede hacer lo que le apetezca con las runas. Es algo personal de cada *vitki*. Así es como él lo nombra, aunque en el mundo ibero no había un nombre asociado al que trabajaba con las runas espiritualmente.

También sabemos que solían escribir en negro, ya sea usando carbón o creando una especia de tinta negra con carbón y grasa animal para pintar sobre cerámica.

Respecto al lugar y el modo de usarlas, se sabe que la función oracular de las runas es bastante más actual y que son una puerta energética para trabajar la psique, el subconsciente, el alma. Una experiencia espiritual personal en la que las runas te ayudan en ciertos aspectos de tu vida y de tu desarrollo espiritual.

Sabiendo esto, podemos añadir tanto su nombre como su forma en meditaciones, visualizándolas o recitándolas en forma de oración, mantra, etc. Podemos usarlas en rituales diversos, en conjuros para potenciar su poder, en sigilos, tallándolas en forma de objetos como vasos, espátulas, manteles, almohadas, ropa, etc.

No sabes la infinidad de posibilidades que ofrecen las runas en el día a día. Te recuerdo que, si deseas usarlas como oráculo para predecir la suerte, podrías hacerlo. Es un camino personal, propio y es igual de válido que todas las demás prácticas.

¿Necesitamos protegernos para trabajar con ellas? Desde mi punto de vista, no; son tan peligrosas como usar el abecedario. Las runas ya llevan una protección intrínseca, tú solo tienes que dedicarte a trabajar con ellas con respeto, como con todo en la magia.

Las runas y su mundo

A continuación, te dejo una guía para que puedas diferenciar las runas, sus características y su personalidad. Te apunto, también, algunas ideas acerca de cómo implementarlas en el día a día.

RUNA 1 A

- **Formas alternativas:** A ᛋ ᛀ ᚢ R
- **Nombre:** Alp

Esta runa representa al dios padre y su faceta sabia como proveedor de conocimiento, pero también al dios que toma nuevos caminos y renueva tanto las energías como la realidad actual en la que estamos.

Es la runa de los conjuros, ya que, gracias a su asociación con una deidad, contiene un poder ancestral que nos ayuda a trabajar con el éxtasis y en meditaciones.

También es una runa de la muerte, de modo que podemos trabajar con ella en prácticas que involucren a los ancestros y la comunicación con ellos.

Esta runa tiene una historia muy bonita: se cree que el símbolo de la diosa Tanit es una modificación de esta runa, lo cual hace pensar que posiblemente los creyentes de Tanit fueran una civilización matriarcal y que la asociaron con ella en vez de con el dios. Lo más poderoso de esta runa es que puede ayudarte en procesos de trance para conectar con esa comunicación del todo y que te llegue esa información no hablada, sino sentida.

Runa del aire y de la corriente energética, se puede usar también en trabajos con sueños lúcidos.

RUNA 2 B

- **Formas alternativas:**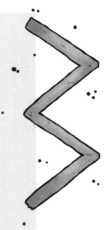
- **Nombre:** Bes

Esta runa se asocia a la diosa de la naturaleza, al seno materno; es una especie de renacer, no solo en cuestión emocional, sino también para proyectos y cosas materiales.

Es una runa muy propensa a hacerse visible cuando estamos en una etapa en la que damos mucho a los demás y nos olvidamos de nosotros mismos. Cuando nos convertimos en un río que da de beber a los demás, al final nos secamos y dejamos de ofrecer esa agua porque no nos queda. Por tanto, también dejamos de dar esa energía que alimenta y nutre.

Esta runa es muy válida para procesos de empoderamiento e incluso de autocuidado, porque es la runa de la feminidad por excelencia y nos recuerda que debemos cuidar de nosotros mismos tanto por fuera como por dentro.

Para decirlo de una forma más clara, esta runa es como esa madre que se preocupa de que no te falte nada, te da de comer y se ocupa de todo para que tú te enfoques por completo en tus proyectos y metas. Es justo esa energía, esa semilla que contiene la fuerza para salir de tu zona de confort.

La madre que te mima también puedes ser tú, siempre que estés alineado y tengas un buen equilibrio en tu vida.

RUNA 3 C, K Y G

- **Formas alternativas:** 〈 〈
- **Nombre:** Garkar

Esta runa representa la antorcha, el fuego creado por el hombre. Simboliza, por consiguiente, la creatividad, y ayuda con sus atributos a artesanos y artistas de toda clase al encarnar en su parte positiva el faro que ilumina, la chispa, la claridad mental y la voluntad de engendrar ideas para poder llevarlas a cabo.

Desde siempre, el fuego ha sido un elemento transmutador en todos los sentidos: en las incineraciones, la idea primaria era un rito funerario que facilitaba el cambio de estado, dejando atrás esta vida, incluido el cuerpo, para convertirlo en cenizas; es decir, transmutarlo y que de ese polvo se pudiese crear otra vida.

Además, tiene un lado más travieso, y es que representa, como he dicho antes, el fuego, pero también el fuego sexual. Y no solo eso, sino también la pasión que sentimos cuando llevamos a cabo ese proyecto que tanto amamos o cuando nos disponemos a cumplir nuestros sueños.

RUNA 4 D

- **Formas alternativas:** ◇ Ш X ⊖ ᛉ
- **Nombre:** Argi

Si tuviera que utilizar unas palabras claves para referirme a esta runa, serían «luz del alba», «luz al final del túnel» o «rayo de luz».

Como ves, simboliza y representa esa luz que te marca por dónde ir después de tiempos de oscuridad necesaria. Te indica el camino correcto que sabes que te va a llevar a buen puerto, pero también representa ese punto intermedio de una bipolaridad, el punto donde se cortan dos líneas secantes, esa conexión entre el yin y el yang, cuando se conectan dos energías totalmente diferentes y crean una nueva, contaminada de ambas.

Con esta runa se trabaja mucho el tema de la autoestima, de encontrar la luz interior que te guíe y esa claridad que se necesita en ciertos momentos.

RUNA 5 E

- **Formas alternativas:** ᚴ ᚵ ◇
- **Nombre:** Zaldi

Esta runa representa la «E» y, por su forma, podríamos intuir el significado que tiene de dualidad. Se asemeja a las antiguas representaciones en las que el hombre simbolizaba (casi siempre) al rey o héroe y aparecía a caballo. Esta versión facilita el transporte entre los tres mundos: el mundo visible de los vivos, el mundo invisible de los muertos y el mundo extático de los dioses.

Así pues, la armonía entre las fuerzas y el poder defensivo es la energía primaria de esta runa, pero se le añade el poder fecundador del caballo, por lo que también simboliza el matrimonio, la lealtad y la confianza necesaria para crear estos vínculos.

Podemos trabajar con ella aspectos de nuestra personalidad que necesiten esa confianza y seguridad, incluso en trabajos en los que sea necesario abrir caminos: esta runa nos aporta una energía extra, que nos da fuerzas para desbloquear nuestra vida, o ciertos aspectos de esta, y nos otorga la confianza para seguir en el camino.

Como ejemplo para que quede más claro, imagina ese caballo que tira del carro, ese paso después del primero o ese movimiento por inercia.

RUNA 6 F

- **Formas alternativas:** [
- **Nombre:** Gali

Imagínate una semilla de trigo que crece: eso es esta runa. No solo es el trigo, sino también la energía de crecimiento, la adrenalina y la vitalidad, junto con la expansión y el ímpetu.

Tiene mucha energía de creación, pues todo existe por y gracias al trigo, que es lo que durante tanto tiempo estuvo alimentando a nuestros antepasados.

Por poner otro ejemplo: es como la explosión del *big bang*, a partir de la cual la vida empezó a ser una realidad.

Una de las cualidades de esta runa es que su poder puede transferirse para trabajar con ella en un bien ajeno. Muchas veces es utilizada para todo lo que tiene que ver con la creación de nuevos proyectos y nuevas ideas. Dado que también es gestación de energía, se usa mucho en el tema de visualización y manifestación de cualquier deseo que tengamos.

RUNA 7 Z

- **Formas alternativas:** ⚡
- **Nombre:** Jamat

Al ser una tríada (representa las raíces, el tronco y la copa de árbol), esta runa es la que une el todo. Con ella se pueden trabajar aspectos como la salud, el cuerpo y la mente; la vida, la muerte y la reencarnación; la luz, el ocaso y la oscuridad, etc.

Da muchísima estabilidad, equilibrio y armonía, ya que unifica los mundos en todo lo que nos proponemos. Si la utilizamos, nos aportará todas esas características tan necesarias cuando nos embarcamos en ciertas circunstancias de nuestra vida.

Si nos gustase trabajar con estas runas iberas como se utilizan las *bind runes* germánicas (conjunción de varias de ellas a partir de una necesidad propia), esta sería una de las que formarían parte del grupo, ya que estabiliza el conjunto de runas y aporta equilibrio para que podamos conectar con ellas y beneficiarnos de su protección.

RUNA 8 H

- **Formas alternativas:**
- **Nombre:** Rnuki

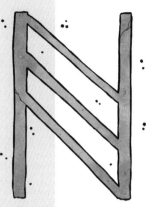

Si tuviera que relacionar esta runa con una carta del tarot, sería la Torre: según la forma en que la trazaban los pueblos del norte, representa dos paredes con el techo hundido. Creo que esos pequeños detalles son suficientes para que nos hagamos una idea de lo que nos puede esperar si se nos presenta esta runa.

Pero, como siempre digo, no debemos creer que la Torre es siempre una carta mala y, del mismo modo, esta runa tampoco es para echarse las manos a la cabeza.

Simboliza la destrucción, sí, pero una destrucción necesaria para seguir creciendo y evolucionando en nuestro camino. Un caos creado para construir una nueva vida y atraer todo el potencial que no desarrollaríamos si nunca nos alejáramos de nuestra zona de confort.

Seguro que, al leer todo esto, te estás acordando de esa crisis espiritual conocida como «la noche oscura del alma», y es que es parte de todo lo que hay que vivir y pasar para que aparezca delante de nuestros ojos un nuevo camino más fructífero.

Se utiliza mucho en momentos de búsqueda y desorientación para sacar el potencial a una situación oscura en nuestras vidas y, al ser la runa madre, para crear un nuevo inicio.

RUNA 9 X

- **Formas alternativas:** ⠆ ⋌ ⊙

- **Nombre:** Goro

Como ves en el esquema anterior, esta runa forma dos runas del *futhark*. Es decir, que, con el tiempo, su significado y su poder se dividieron, y se crearon dos runas nuevas.

Esta es una de las más abstractas que existen, ya que habla mucho del caos: no se trata, sin embargo, del caos negativo, sino del caos necesario para crear. Simboliza el martillo de Thor.

Quizás se entienda mejor con un ejemplo: imagina que tu nuevo hogar no te es útil actualmente y vas a mudarte. Es evidente que en las cajas vas a meter lo que es necesario y, durante la mudanza, vas a desechar todo lo que está roto o no has utilizado en años. No tiene sentido meterlo en las cajas para la nueva casa, pero sí debes agradecer a esos objetos todo el tiempo que han estado contigo y te han enseñado algo. Eso es esta runa, la energía que genera ese caos para encontrar el orden.

Por otra parte, está la otra runa, que en el *futhark* se llama Gebo y hace referencia a ese regalo, a la hospitalidad y a dar de forma desinteresada cuando dejas atrás el caos absoluto y estás en el momento del orden.

Esta parte sería el «+» del símbolo, que nos recuerda un cruce de caminos: lo que se cruza en tu camino y cambia la realidad del pasado para mejorar el presente y ofrecerte un mar de nuevas oportunidades.

Y no me refiero únicamente a nuevos caminos y oportunidades en tu día a día, sino también en el terreno sentimental, ya que esta es la runa del amor. Si usas su energía y trabajas con ella, te ayudará a encontrar pareja. Esta runa te recuerda que tu destino es una red y que hay hilos que se cruzan continuamente para aportar cosas nuevas a tu vida.

RUNA 10 I

- **Formas alternativas:** ꟼ ꟷ ᚼ ᚽ ᚻ
- **Nombre:** Are

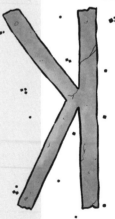

Si en algún momento de tu vida necesitas firmeza y estabilidad, esta es tu runa.

Te aporta todo eso, pero a la vez te centra la mente, te desvincula de distracciones y te invita a vivir en el invierno, esa época del año oscura cuando debes centrarte para hacer tu trabajo interno. Esta ruta te invita a la inacción y a la introspección necesarias muchas veces para saber dónde está el problema, solucionarlo y renacer radiante al llegar la primavera.

Se usa mucho en conjuros para hacerlos firmes, para eliminar dudas e incertidumbres. También es útil en esos procesos oscuros en los que necesitas claridad para meditar sobre algún aspecto de tu vida.

RUNA 11 K

- **Formas alternativas:** ᚦ ᚨ ᚪ ᚪ
- **Nombre:** Ildun

Esta runa es la evolución de la runa asignada a la «C», la runa Garkar, y por eso se le atribuyen las mismas características.

RUNA 12 L

- **Formas alternativas:** ᚱ ᚦ ᚴ ᚢ ᚤ
- **Nombre:** Ur

Si la runa asignada a la «F», Gali, representaba la adrenalina y la energía primaria del crecimiento, esta es el crecimiento en sí, el puerro verde y fuerte que crece con vitalidad y firmeza.

«Energía vital» es la expresión que la describe perfectamente: nos muestra que debemos fluir y romper estos bloqueos (simbolizados por el suelo) para crecer.

Se usa mucho en magia verde para sacar el potencial a las hierbas y para los momentos en que necesitamos dejarnos llevar, pero oponemos resistencia debido a algún miedo o tabú. Esta runa nos ayuda a dejar que las emociones florezcan sin ningún prejuicio.

También se usa mucho (a veces, si es necesario, en compañía de otras) para soñar y sacar de ese sueño alguna conclusión, como respuestas o recuerdos. Por otro lado, esta runa te ayuda a dejar las pesadillas atrás para que te enfoques en el lado positivo y así tengas sueños en vez de pesadillas.

RUNA 13 M

• **Formas alternativas:** ᚿ ᛉ ᛘ

• **Nombre:** Gis

Esta runa representa al ser humano. De hecho, en su versión ibera parece la figura de un hombre con los brazos abiertos hacia el cielo, lo que simboliza la conjunción del cielo y la tierra.

Es una runa que te invita a conectar con tu lado más espiritual.

Antiguamente, la usaban mucho para todo lo relacionado con el trance, la conexión con el lado no visible y la apertura del tercer ojo (el ojo de la mente). Sin embargo, también incrementa la sabiduría, la memoria, la inteligencia y todo lo que tenga que ver con los poderes mentales. Por otro lado, nos hace más sensibles y sensoriales a todos los estímulos poco perceptibles para las mentes dormidas.

RUNA 14 N

- **Formas alternativas:**
- **Nombre:** Leis

Si hay una runa que se use para maldecir, es esta, por lo que ya puedes imaginar que no representa cosas muy positivas.

Las palabras que elijo para explicarla son las siguientes: pena, necesidad, capacidad de resistencia, cansancio, etc.

Es una runa en la que se nos presenta un momento malo en nuestras vidas, o malas decisiones que hemos tomado, a raíz del cual sentimos una desolación increíble. También es la runa del karma, de la causa-efecto.

No solo se usaba para maldecir o provocar una enfermedad (física o psicológica) a alguien sano, sino para devolver todo ese mal provocado por un agente externo. Podemos acudir a la protección que lleva intrínseca la runa, pero también a su poder de devolver todo ese mal.

RUNA 15 O

- **Formas alternativas:** H N ◇
- **Nombre:** Bilos

Si la runa Bes es la runa de la fertilidad, de
la semilla brotada, de la suerte y los nuevos
proyectos, Bilos es la runa de la gestación,
la que hace realidad una idea después de que
se encienda una bombilla en nuestra cabeza.

Es una runa de mucho movimiento y acción, con
la que te despiertas de esa noche que te da Leis y
empiezas a crear. Simboliza la primavera, Ostara…

Puesto que la primavera también simboliza
el deseo sexual, la juventud, la vitalidad, el
crecimiento del amor, de los proyectos y de tu
alma, Bilos, al tener vitalidad y energía en estado
puro, nos ayuda a manifestar y a concretar los
deseos que queramos hacer realidad.

Sinceramente, esta es una de las runas que
más me gustan por todo lo que conlleva.

Es la runa del clan, de la tribu y de los ancestros,
pero también de la sabiduría; en su versión nórdica
es una de las runas de Odín, el padre de todos.
Simboliza la herencia de los ancestros en cuanto a
información y al conocimiento que ellos tenían
sobre su entorno. Se usaba mucho para pedir
«prestados» los dones de los ancestros, para unirse
a sus energías en conjunto y fluir con ellos.

También es la runa del espíritu familiar, ese
espíritu que protegía sus cuerpos, que descansaban
de esta vida y sus almas en el más allá.

RUNA 16 P

- **Formas alternativas:** Ρ Γ Ղ Γ Ρ
- **Nombre:** Gudur

Esta runa ibera representa tu hilo personal de la vida, tu suerte y los acontecimientos que harán que tu vida modifique el rumbo y cambie tu destino y tu esencia. En su mayoría no son acontecimientos motivados por agentes externos, sino por tus propias decisiones.

Por todos estos motivos, Gudur es la runa del tiempo. Y no debes olvidar que todo lo relacionado con el tiempo tiene consecuencias sobre el karma, la ley de causa-efecto.

Gracias a esta runa se cree actualmente que las runas, además de ser símbolos manifestadores y guía de tu día a día, tienen una función oracular y te ayudan a conocer tu destino.

¿Conoces el rito de paso de edad? Pues eso es justamente lo que representa esta runa. Cuando somos niños y pasamos a un nuevo rol social, a medida que cumplimos años tenemos la obligación de demostrar que somos válidos para ese nuevo cargo.

Esta runa simboliza la voluntad, el fuego interno, la fuerza vital y la fuerza de voluntad. Todas esas cosas son, precisamente, las que te hacen ser una mejor versión de ti para avanzar y convertirte en un pilar.

RUNA 17 Q

- **Formas alternativas:** ᛉ ᚼ ᛊ ᛊ
- **Nombre:** Beis

Esta es la runa del ciclo y del cielo. Pero no del cielo en un sentido divino, sino del que facilita las cosechas con las lluvias y el sol. Es la runa que alimenta, pero al mismo tiempo, al ser cíclica, gesta, madura y muere.

Lo mismo que Argi, tiene aspecto de yin y yang.

Recuerda que cada uno recoge lo que cosecha y que esto depende de todos tus avances como persona y del prisma con el que lo mires.

RUNA 18 R

- **Formas alternativas:**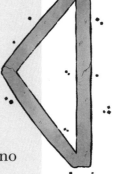
- **Nombre:** Oto

Esta runa es la que representa el ritmo, el camino y tu vida. En las runas nórdicas es el carro de Thor.

Es todo lo que avanza en tu camino, ya que es la runa canalizadora de fuerza por excelencia y te lleva por el camino correcto para que consigas los resultados que deseas.

Como ya he dicho antes, representa el ritmo, pero no solo en aspectos del destino, sino también en los bailes rituales, como ofrendas a los dioses o en los trances provocados para trabajar determinados aspectos de tu vida. También facilita encontrar información que puede haber en el entorno o en el otro plano, y que permite que la voz de la conciencia se eleve.

Por el lado del carro cósmico también puede simbolizar los viajes, pero no solo aquellos en los que te trasladas a cualquier otra ciudad que no es la tuya, sino el viaje de tu vida, ese camino espiritual que te enriquece.

RUNA 19 S

- **Formas alternativas:** ⟨ ⟨ ⌂ ⌂ ⚡
- **Nombre:** Birinar

Esta runa es la representación del sol y la energía pura de este astro. Al ser energía pura y muy poderosa, no tiene connotaciones positivas ni negativas, porque depende mucho de cómo canalices tú esa gran energía.

También es la runa de la fuerza mágica: le otorga más poder, pero sobre todo más intención, a cualquier cosa, hechizo o trabajo. Es así porque esta runa nos recuerda que nosotros también somos ese sol y podemos proyectar energía.

Gráficamente, hace referencia al concepto de la rueda que gira en el carro del sol. Esta representación simboliza la fuerza espiritual que guía al que trabaja con las runas iberas para adentrarse en el poderoso camino hacia la experiencia extática.

RUNA 20 T

- **Formas alternativas:** ᛏ ᛏ ᛚ
- **Nombre:** Baides

Creo que es de las más reconocidas entre todas las runas y tiene muchos nombres. Su simbolismo, por otro lado, es de los más usados y queridos por todos.

Representa la lucha justa a través de la batalla, la fuerza del orden divino.

No hace referencia a esa justicia que te da el destino, a menos que sea buscada, batallada y conseguida con sudor y sangre.

Gráficamente, simboliza el cielo, la bóveda celeste y el pilar que lo sostiene todo. Este pilar, precisamente, es el que evita la destrucción y mantiene el orden del mundo. De ese modo se protege a la humanidad y a los dioses de todo lo que conlleva que los cielos se caigan.

Con ella podemos trabajar en nuestros objetivos, entrevistas de trabajo o tratos, pero también fomentar el crecimiento personal y la perseverancia.

RUNA 21 U, V Y W

- **Formas alternativas:** ᚢ V ᚦ
- **Nombre:** Tautín

Al ser la última runa, y después de todos los eventos que hemos ido viendo runa tras runa, sería muy triste pensar que no tendríamos nuestra recompensa. Esta runa representa el trabajo bien hecho, gracias al cual hemos conseguido todos nuestros objetivos. Por tanto, ahora podemos dedicarnos a disfrutar. Simboliza el placer, el deleite, la culminación de algo que has intentado con todas tus fuerzas y que por fin has logrado, esa sensación plena de saber que has hecho lo correcto para alcanzar tus metas. Al mismo tiempo, simboliza el poder de todo eso y la felicidad: no es un éxito pasajero, sino algo que se queda en tu vida para seguir avanzando.

Tanto en el mundo ibero como en el nórdico se representa en forma de bandera alzada por una victoria.

Con ella podemos trabajar ese empujón necesario para concretar proyectos y tener la energía y la voluntad necesarias para terminarlos y atraer los frutos del trabajo.

OTRAS RUNAS

Existen otras runas de consonantes y vocales que funcionaban como nuestras actuales abreviaturas, pero que hoy ya no usamos. Tenían poderes combinados. Son las siguientes:

PO = runa Gudur + runa Bilos

KU = runa Garkar + runa Tautin

GO = runa Garkar + runa Bilos

KI = runa Garkar + runa Are

TI = runa Baides + runa Are

BI = runa Bes + runa Are

BE = runa Bes + runa Zaldi

Ejercicio rúnico

Me gustaría terminar el tema con algún ejercicio para entender mejor el amplio mundo de las runas. Aunque conocer toda la información sobre sus significados nos llevaría varios libros, este ejercicio te servirá para conocerlas e implementarlas en tu camino diario, de manera que puedan ayudarte con algún aspecto interno o espiritual.

Dibuja cada runa en un trozo de papel. Luego dóblalos y mét0elos en un saco de tela (si quieres, puedes pintarlas en negro en piedras o incluso grabarlas). Cada día irás sacando una runa sin mirar.

Quiero que la leas sin prejuicios, que busques su significado en el libro y que te olvides de ella por el resto del día.

Concéntrate en tu trabajo, en tus quehaceres diarios como de costumbre y, por la noche, vuelve a leer el significado. Seguro que entonces encajará en algún aspecto de tu día y te dará una pista de lo que debes trabajar para evolucionar, para ver qué camino debes seguir. También es posible que tu día haya sido totalmente diferente a la energía marcada por la runa.

Si lo deseas, algo que hago yo mucho es escribir todo mi día a modo de diario y dibujar la runa en la esquina superior derecha. Así, cuando la repaso semanas después, veo la energía que estaba liderando ese día, cómo me fue con ella y qué aprendizaje me ofreció.

4
RITUALES ANCESTRALES Y PROTECCIONES

Los iberos tenían unas creencias y una manera de conseguir sus deseos a través de sus ritos y de la fe. Esto, en sí, no es nada nuevo: era propio de todas las civilizaciones antiguas, así que los iberos no iban a ser menos. Las diversas ofrendas de exvotos o alimentos encontradas en diferentes santuarios lo demuestran claramente y, sabiendo que enaltecían las divinidades asociadas con la agricultura y la ganadería, es probable que tuvieran un calendario ritual.

Sabemos que celebraban con ritos el inicio de la cosecha, así como los equinoccios y los solsticios. También es conocido que creían en deidades lunares y ctónicas relacionadas con lo oscuro, lo misterioso y la luna. Eso nos lleva a pensar que, seguramente, su calendario se basaba en las fases lunares, algo que los celtíberos también hacían.

Puesto que ambas culturas se influían mutuamente, es posible que la celta y la ibera actuasen de forma similar en la manera de organizar sus meses. Siendo pueblos hermanos, compartían tradiciones con los celtas, aunque los nombres y las formas cambiaran. Y es que, al final, el ser humano tiende siempre a hacer las mismas cosas. Una vez más, los iberos nos demuestran que todo tiene un origen más lejano y rico de lo que pensamos.

Ritos agrarios

Estos ritos tendrían su inicio en primavera. Creo que se entiende si digo que coincidirían con el Ostara, ya que son las fechas en las que había más actividad, más ocio y en las que solían reunirse las diferentes comunidades. Pero también se celebraba la unión de dos divinidades: una deidad masculina, que proveía de lluvias, personificaba la vegetación y los cereales (como el dios Lugh del panteón celta-celtíbero), y la diosa de la fecundidad, relacionada con la reproducción de los animales y el crecimiento familiar (una deidad similar sería la diosa Perséfone).

La manera de celebrar esta festividad era sobre todo con ritos, por ejemplo, hacer una muñeca de forma humana con el primer manojo de trigo o cualquier cereal que se cultivase en esa comunidad. Simbolizaba la fuerza de la cosecha y de la vegetación de ese año. Servía incluso para que la diosa no viera como una amenaza la hoz que segaba el cereal del campo y también para propiciar la cosecha del año siguiente.

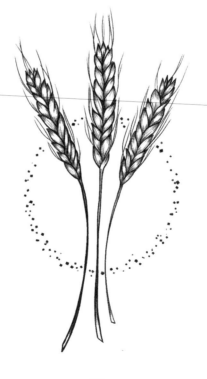

En estos ritos se hacían sacrificios animales, especialmente de cerdos, en nombre de la paz, antes de la primera y de la última recolección. Esos animales no se sacrificaban en vano, ya que con ellos se daban un festín en los días señalados. Entre las ofrendas también se encontraban los útiles que se necesitaban para hacer esta cosecha posible y sagrada (como la hoz) y los primeros granos, que se ofrecían a los genios de la tierra y a la diosa del trigo y de los muertos.

En estas ofrendas también se incluía el mejor vino de las cosechas anteriores y las carnes cazadas, auspiciadas por estas deidades. Estas ofrendas simbolizaban la necesidad de agradecer que cada año la madre tierra y el dios proveedor les proporcionaran alimentos. No cabe duda de que, si era un buen año de cosechas, la fiesta sería por todo lo alto.

Estos ritos no solo se celebraban para propiciar una buena agricultura, sino también para atraer la fertilidad entre los humanos y entre los animales. En este último caso, se ofrecían a los dioses exvotos de figuras animales, cuya función era atraer con magia simpática la caza o hacer que los animales que ya estaban a su cuidado pudieran parir más crías sanas, para así aumentar el ganado.

Por otro lado, ya sabes que «la primavera la sangre altera» y, como me gusta recordar cada pocas páginas, los iberos no eran tontos: se daban cuenta, conscientemente o no, de que era una época muy importante para el apareamiento, sin el cual no habría niños correteando por esos pequeños reinos. Por ese motivo, había estrategias para fomentarlo, sobre todo ritos de fertilidad y procreación que tenían lugar en el mes de abril. La celebración de estos rituales o festividades era también un buen momento para que chicos y chicas de pueblos diferentes tuvieran el espacio y la oportunidad de conocerse y, de ese modo, agrandar ambos pueblos.

Más adelante, también se hacían ritos de partos o de protección tanto para las personas como para los animales. Para obtener los beneficios de los rebaños sanos, se vertía agua sobre los animales y el suelo de sus refugios nocturnos para purificarlos, pero también se encendían fogatas de leña y de paja, como se hace en San Juan: los pastores pasaban por encima y, posteriormente, saltaban los animales para purificarse y ahuyentar así toda la negatividad o las enfermedades que pudieran llegar a tener el resto del año.

En las hogueras tiraban los restos de los animales que se ofrecían como sacrificio a las deidades: fetos de terneros, sangre de caballo, junto con tallos de habas, cereales, etc., para así añadir un poder extra a estas hogueras. Estas cenizas se usaban después en otros rituales, como los de protección. Con ellas se pintaban ojos en huevos de codorniz para ahuyentar las malas energías.

Otro de los rituales que hacían para alejar las enfermedades (incluso creían que podían sanar) era dar de comer a los animales ciertos alimentos que habían sido ofrendas a la diosa madre y el dios padre: granos de cereal, tortas, leche caliente o algunos dulces que solían hacer con cereales y alguna miel o manjar. Consumir estos alimentos, nacidos de la diosa y preparados para momentos especiales como eran los rituales, especialmente cuando coincidían con la luna llena, podía sanar completamente a cualquier animal.

Otro rito era recorrer el campo semicosechado. Con el primer manojo de cereal en un carro tirado por bueyes hacían una figura de gravilla para asegurar la cosecha del año venidero.

RITO DE AGRADECIMIENTO A LA MADRE BETATVN

Este ritual, como todos los rituales tradicionales iberos que incluyo aquí, se puede adaptar a nuestros días. Este, concretamente, lo podemos hacer en nuestro hogar o, si es posible, en un entorno natural. Se trata de un ritual para dar las gracias a las lluvias y al sol porque, gracias a ellos, es posible comer diariamente. Aunque demos muchas veces por sentado las cosas como un buen plato de comida en la mesa para nosotros y nuestra familia, me gusta dar las gracias al menos un par de veces al año por ello. Este ritual hace además la función de magia simpática o imitativa: atrae más abundancia a nuestra mesa a lo largo del año para poder alimentarnos y que esto no sea nunca un problema.

En esencia, es un ritual de agradecimiento no solamente respecto a los alimentos, sino hacia todo lo que nos provee. Es decir, no solo agradecemos los bienes alimenticios en nuestra vida, sino también que la naturaleza siga su ciclo a salvo de males como los incendios o la escasez de agua. Podemos velar también por su bienestar y agradecer que esto siga así.

Para este ritual, necesitamos un mantelito donde apoyarnos y poder dejar nuestros alimentos sin peligro de que se pierdan, ya que no podríamos recogerlos y harían daño a algún animal si realizamos nuestro ritual en el campo. También necesitaremos un cuenco, bol o gazpachera (debe ser bastante abierto), donde depositaremos el agua cristalina, pero sin llenar el recipiente hasta arriba. Hay que agregar agua hasta unos tres dedos del borde. Luego necesitaremos tierra, a poder ser suelta, que pondremos encima del mantel o manta creando un círculo. También puedes meterla en otro recipiente con la boca bastante ancha.

Representaremos el aire con el incienso, idealmente de romero, pino, roble u olivo. El fuego lo representaremos con una pequeña vela de miel. Por favor, ten mucho cuidado: si no estás seguro o vas a hacer el ritual en el campo, puedes representar el fuego con restos de ceniza de romero anteriormente quemado o dejar que la ceniza del incienso caiga sobre un cuenco recogedor.

Lo ponemos todo delante de nosotros en el orden que dictamine tu intuición. Por ejemplo, yo pongo el agua a mi izquierda, luego el fuego, el aire y la tierra (agua y tierra como soporte y pilares de lo demás). Más cerca de mí o a los lados de los elementos pongo semillas de girasol, nueces, almendras, miel, resinas de pino y una rama de laurel que lo corone todo. También añado, aunque esto ya es algo muy personal, unos animales de madera que mi hermano me talló (un conejo, un lobo y un ciervo). Son animales muy ibéricos, pero, si te apetece, puedes buscar alguna figura como la codorniz, el toro o la serpiente. Cuando lo tengo todo colocado con mucho mimo, dando las gracias a cada elemento que deposito, suelo usar un hueso de albaricoque, que tiene un borde raspado y que me sirve como pequeño silbato. A modo de mantra o meditación, silbo levemente a través de este hueso para entrar en modo meditativo.

Cuando llevo un rato silbando, dejo el hueso a un lado y sigo con la meditación, relajada y en paz, y doy las gracias por todo durante unos minutos: observo su importancia en mi vida, rindo culto a los objetos y me imagino una vida sin ellos, hasta que me siento parte de ellos, conectada con el entorno. Por último, visualizo unas raíces que salen desde mi cuerpo hasta la tierra y se conectan con las raíces de árboles cercanos, arbustos o plantas.

Para este paso puedes sentarte o tumbarte boca arriba y respirar muy profundamente. En ocasiones, yo me siento como si la tierra me abrazara y me hundiera en una cama de protección. Si lo haces a menudo, hay quien dice que puedes obtener la sabiduría del entorno natural. Cuando termines todo este proceso de gratitud meditativa, puedes seguir algunos minutos sentado en el mantel y disfrutar de alguna actividad al aire libre como dibujar o leer. Sé parte del entorno y disfrútalo.

No puedo terminar este punto sin recordar algo muy importante: la mejor manera de dar las gracias al entorno y a la madre tierra es reciclar, no contaminar. Usa con cabeza el agua y ten mucho cuidado con el fuego en entornos naturales (recuerda que hay zonas y momentos del año en que el fuego está totalmente prohibido); no tires la comida (hay miles de recetas de aprovechamiento), compra solo lo necesario y, si ves basura cuando salgas al campo con tus amigos, recógela. No cuesta absolutamente nada y ese pequeño gesto beneficia a tu espacio natural y a los animales autóctonos. Si todos creyéramos de verdad que podemos hacer algo por nuestro entorno, se vería una gran mejoría. Y no solo en la naturaleza, sino en nosotros mismos como personas: nos haría ser conscientes de un problema real que nos afecta a todos y nos animaría a actuar.

RITOS DE FERTILIDAD

También llamados «ritos de fecundidad y procreación», son los que tienen como finalidad pedir ese don o dar las gracias por él. Suelen ser cultos de carácter doméstico, dedicados a los antepasados, ya que se tenía la certeza de que eran ellos los que los guiaban por el mejor camino. También se dedicaban a la diosa por su carácter terrenal y materno. Tanto los antepasados como la diosa aseguraban la procreación de los habitantes del *oppidum*, así como la fertilidad de las tierras y el ganado.

Hay un rito en el mundo ibero que me llama especialmente la atención. Es un rito de matrimonio sagrado con la diosa. Dentro de este matrimonio sagrado, se llevaban a cabo varios ritos relacionados con la fecundidad humana, animal y campestre. En todos ellos, el agua era una pieza clave. Uno de estos ritos consistía en rociar con agua pura de algún manantial o río los suelos del templo. En el caso de los ritos más sencillos o de menor duración, el agua se vertía en recipientes como vasos, pilas o cuencos, pero siempre incrustados en el suelo del templo. Este rito tenía como finalidad calmar a los seres que habitan en el inframundo, el mundo subterráneo. Además, se aprovechaba para hacer la famosa magia simpática, ya que creían que, al caer el agua en el suelo o el recipiente, esta llamaba a la lluvia y provocaba la fertilidad del campo. Todos estos ritos se celebraban en el solsticio de verano, lo que ahora los paganos llaman Litha, o los cristianos, San Juan: es el momento de mayor luz, cuando el sol se posiciona en lo más alto.

Otro ritual practicado por los iberos este día consistía en dejar sus elementos de culto en un río o manantial donde las aguas corrieran, para así alejar de estos objetos la negatividad o la carga acumulada a lo largo de todo el año. Se sabe que practicaban los baños rituales, que serían algo así como un bautizo en medio de un río caudaloso, o en algún manantial. Recuerda que el agua es un elemento purificador y fertilizante, y tiene la misma carga mágica tanto para objetos como para personas.

Estos ritos tenían una gran importancia para el pueblo ibero. Piensa en la importancia de unir los ritos de fertilidad con el calor, el solsticio, el fuego solar y el agua. Era tanta la fe en aquella época que estaban deseando que llegaran estas fechas para poder sanarse de alguna enfermedad, purificándose con las aguas fertilizantes que el ciclo del río representaba. No solamente el agua está ligada a estos ritos, sino también el fuego: con su carácter fecundante en el hogar acompaña perfectamente al elemento agua y a su magia de carácter fértil. Aunque pueda parecer lo contrario, forman una unión perfecta.

También practicaban los baños sagrados, que caracterizaban las ceremonias prenupciales. Se creía que el agua tenía el poder de preparar la transformación de virgen a mujer y hacerla segura. La joven pasaba a ser fértil, a tener su primera menstruación y a prepararse para poder parir la nueva generación. La diosa también recibía estos baños o libaciones, que se han interpretado como ritos de fertilidad, cuya finalidad era regenerar el poder fecundante de la diosa, cargarle las pilas para que siguiera uniendo a personas fértiles, haciéndolas capaces de tener descendencia en una época en la que hacía falta mucha población y en la que la muerte en el parto era lo cotidiano.

Y ahora, para mí, viene lo divertido. En estas fechas, ya se hacían ritos y rituales que seguimos practicando ahora y que tanto se han popularizado: los filtros amatorios (los mal llamados «amarres») y, sobre todo, los de carácter erótico. En muchos casos, la función de estos ritos era que el marido o compañero no abandonase a la mujer en esas excursiones guerrilleras que hacía a tierras desconocidas, o que la pasión en sus relaciones conyugales siguiese viva. Estos problemas existían ya en plena época ibera, y me atrevo a decir que muchísimo antes también.

Estos ritos los realizaban mujeres ya casadas o matronas, que se encargaban de ayudar a traer a los niños al mundo y también a dar consejos matrimoniales. Aunque cueste creerlo, hay pruebas de la existencia de estos filtros amorosos que dan a entender que era una práctica muy habitual e incluso exitosa entre la población femenina ya casada. No hay evidencias de que los dirigieran a otros hombres que no fueran sus maridos, y la finalidad era siempre revivir el amor que anteriormente hubo, resucitar la pasión y el erotismo, y hacer que el hombre amado volviese y no se enamorase de otra en sus incursiones en territorios fuera del *oppidum*.

Si esto llegase a pasar, la mujer se quedaría desamparada sin el aporte del hombre en su vida, y no creo que en esa época fuera sencillo estar separada. En estos ritos, lo común respecto a ofrendas hacia la divinidad son los exvotos. Para la fertilidad, se usaban los falos, las figuras de mujeres con el pecho descubierto (los pechos atraían la lactancia abundante) y las figuras de mujeres embarazadas. Para representar la maternidad también creaban figuras de madres jóvenes con sus recién nacidos. Para la fertilidad en el ganado, solían hacer animales con sus crías al lado; es decir, que también usaban la magia simpática en estos ritos.

RITO FILTRO AMATORIO

Este ritual no provocará solo ese amor propio hacia ti mismo, sino que también trabajará la fertilidad para que el autoamarse se convierta en algo innato; llenará tu ser de esa abundancia para que te sientas próspero y se te suba la adrenalina por las nubes. Esto hará que te sientas bien por fuera y por dentro, que es más importante.

La sensación será igual a la que sientes cuando te toca algún premio, te viene un dinero extra o te dan una noticia buenísima; esa sensación de que puedes con todo y de que eres una persona superválida.

Al final, eso también se expresa en el exterior, y llegarás a sentirte mejor con tu físico y, como consecuencia, conectarás con el dios o la diosa que llevas dentro.

Para este rito vas a necesitar:

> una vela rosa

> dos velas blancas

> miel

> un frasco de boca ancha

> rosas

> utensilios de modelado (no hace
falta que sean caros, los hay para
plastilina en cualquier tienda)

Vas a colocarte en el suelo y vas a crear un espacio seguro con pétalos de rosas. Crea el círculo lo suficientemente grande para caber dentro y trázalo con la intención de estar protegido y de que sea un entorno tranquilo.

A continuación, inspira profundamente dos veces, céntrate en la actividad y date un abrazo mental a ti mismo. Enciende las dos velas blancas que habrás colocado a ambos lados para darle calidez al entorno y para protegerte. Cuando todo esto esté terminado, encenderás la vela rosa y, con su cera, dibujarás una muñeca en el suelo. Intenta que tenga todas sus partes: pelo, ojos, boca, cuerpo completo, etc. Conforme la vayas creando, asegúrate de que piensas en ti mismo y en todas las peculiaridades positivas y destacables que tienes. Ayúdate con tus manos o con los utensilios de modelado, pero intenta ser detallista con la figura. Añádele características que tengas tú, como lunares, marcas de nacimiento, etc. Tómate el tiempo que sea necesario.

Debes estar muy concentrado para que la intención se transmita a la figura de cera.

Sabemos que todo ser humano tiene sus cosas negativas y que está bien mejorarlas, trabajar las sombras y ser uno con ellas, pero en esta ocasión nos vamos a enfocar solo en lo positivo, en lo que damos a los demás, en cómo somos con el mundo, etc.

Si en algún momento nos acordamos de algún talón de Aquiles personal, piensa en cómo vas a mejorar esa parte de ti o cómo vas a resolver ese problemita interno que tienes.

Cuando esté todo terminado (tómate tu tiempo), llena el frasco de miel hasta la mitad, mete tu muñeca de cera y vuelve a añadirle miel hasta que la muñeca quede totalmente cubierta.

Adorna tu bote con lo que te guste: ramas de pino, piñas pequeñitas, pétalos de rosa, cuarzo rosa o piedras de luna. Lo que se te ocurra y que tenga que ver con el autocuidado y el amor propio.

Pon el frasco en la habitación que más te guste a modo de recordatorio y, siempre que lo mires, piensa en todo lo que vales como persona.

Rito Lustratio Ibero

Este ritual es muy sorprendente. Mientras que los demás ritos podemos adaptarlos a nuestros tiempos, con este no sucede lo mismo, y vamos a ver por qué. Actualmente, se usan muchos baños de limpieza energética en los que el agua es el elemento principal, y es que los medios del agua y del fuego tienen un poder de destrucción y limpieza. Para los iberos, la muerte (más la muerte impuesta que la accidental) tenía una carga energética pesada y podía propagar esa mala energía entre el pueblo y sus habitantes, así que este rito era en realidad una ceremonia de purificación, una práctica ritualista muy popular entre la población ibera.

Podía hacerse tanto en el ámbito privado del hogar (tras una defunción o nacimiento) como en un ámbito social y colectivo: ritos de edad, de purificación del ganado o para recibir a los guerreros a la entrada del *oppidum*, despojándolos así de la sangre de la batalla y de la muerte acumulada a sus espaldas.

Hasta aquí todo bien. Incluso se podría pensar así actualmente. Pero ahora viene lo más maravilloso para mí, y es que no se sabe de ninguna otra civilización que lo hiciera. El rito en sí consistía en circular con un carro y pasear animales sacrificados. Se daban tres vueltas a todo el perímetro de la ciudad (que posiblemente estuviera fortificada), con el único objetivo de crear mágicamente una barrera invisible que actuara de escudo contra los enemigos y las fuerzas malignas que causaban enfermedades, y que protegiera a todos los que estuvieran dentro del círculo.

El carro lo conducía una sacerdotisa, o incluso el príncipe o algún otro miembro destacado de la comunidad. Previamente, se habían cargado las ofrendas (solían ser vino, un lechón, un cordero y un ternero) junto con la plegaria a los dioses, en la que se rogaba también por el crecimiento de las cosechas, por los rebaños y por sus pastores, para que pudieran cuidar a sus animales con salud. Este rito se solía hacer una vez al año, pero también tras una epidemia, una plaga, una sequía o alguna ofensa a los dioses. Es decir, podía servir como una limpieza masiva cuando se creía conveniente. Beneficiaba a todos los habitantes del *oppidum*, incluidos los animales, para poder empezar con buen pie y para que los dioses fueran bondadosos con ellos.

Hay que entender que antes no tenían los problemas que tenemos ahora: su mayor preocupación era que no lloviera o que el ganado enfermase, porque ese era su sustento, tanto para comer como para comerciar con otras *oppida*. Ahora tenemos avances médicos, pero, para ellos, un parto podía ser motivo de alegría o de preocupación, por lo desamparados que podían estar el bebé o la cría y su madre.

Ritos de purificación y protección

Aquí nos vamos a enfocar en tres aspectos: el doméstico, el personal y el territorial. Hacerse un ritual de purificación o protección a uno mismo sería en vano, ya que podría contaminar las energías negativas que están en nuestro hogar o afectar a las personas con las que convivimos. Si hiciera falta, podríamos añadir al resto de la familia en los rituales personales o invitarlos a que también los hagan ellos.

Rituales personales

El agua es un elemento ibero de limpieza y purificación muy importante. Yo, como bruja tradicional, la uso para hacerme las limpiezas.

Baño purificante

Vamos a necesitar:

> agua

> ruda

> romero

> cáscara de limón
(para obtener energía)

> sal

> menta

> lavanda (para calmar y apaciguar)

> cáscara de naranja
(me gusta añadirla para la vitalidad)

Lo hervimos todo durante un par de minutos y lo dejamos reposar durante tres horas. Debe enfriarse, y que el reposo macere un poco el agua para mantener todas las propiedades.

Es tan importante la mezcla como lo es la preparación del baño o ducha. Si tienes bañera, puedes agregar este preparado al agua con la que te bañes o, si tienes ducha (o prefieres ducharte para no malgastar tanta agua), puedes rociarte del cuello hacia abajo con la mezcla.

Antes de ducharte o bañarte, debes preparar un espacio purificado y limpio. Hazlo con tiempo, disfrutando del momento, pues eso marca la diferencia. Pon velas blancas, música relajante. Tu estado de ánimo también es importante. Añade esencias de jazmín o dama de la noche si lo deseas, y luego hazte la limpieza.

Pasa un tiempo en la bañera, medita y observa el agua. Si te vas a duchar, vierte el agua por todo tu cuerpo y céntrate en cómo te vas limpiando de toda la carga energética negativa. Visualiza cómo se limpia tu alma y cómo mejora tu estado de ánimo. Cuando termines, enjuágate y da las gracias. Notarás la diferencia.

Eucalipto purificador

Otro ritual cortito, pero que suelo hacer bastante, tiene como protagonista el eucalipto. Es un árbol con varios poderes mágicos, además de propiedades medicinales. Sus hojas ayudan a abrir los caminos, apaciguan el alma, purifican y llenan de buenas vibraciones, a la vez que disuelven las energías negativas. Un todo en uno.

Coge una hoja de eucalipto por persona (se puede hacer en familia), pon el nombre y, en el envés, escribe el deseo de purificar el alma y las energías, y de dar paz. Si lo deseas, también puedes añadir que venga la abundancia.

Tienes que estar tres días con esta hoja en tu lecho (ya sea debajo de la almohada o en tu mesita de noche). Al tercer día por la noche debes quemarla. Agrupa las cenizas, colócalas en una terraza o una ventana y deja que el viento se las lleve, aleje de ti lo negativo y atraiga la abundancia.

Es un ritual muy sencillo, pero también muy práctico, que ayuda bastante a visualizar ese momento de limpieza, para así vibrar en consonancia.

RiTuAL PuRiFiCADOR DEL HOGAR

El hogar es el sitio en el que estamos la mayor parte del día (especialmente, cuando duermes, que es un momento muy importante, puesto que durante el sueño somos más vulnerables) y donde es más probable que atraigas algo o que algo se aloje en ti.

Si no realizas una buena limpieza de tu hogar, lo mantienes ordenado, sin objetos que no tengan valor para tu día a día o que estén rotos, todo lo que traigas de la calle se va a quedar pegado en las esquinas. Por esta razón, es bueno tenerlo en esas condiciones antes de realizar un ritual de limpieza. No solo físicamente (manteniéndolo limpio), sino energéticamente. Para eso siempre llevo a cabo la misma rutina, que es la siguiente: abre ventanas, que los espíritus o malas energías se vayan por ellas, que se aireen los ánimos y se descongestionen los caminos. Pon música alegre, que no te excite, pero sí que te ayude a entrar en un estado de ánimo adecuado para una limpieza; pon flores, a poder ser margaritas blancas o amarillas, pues atraen las buenas vibraciones. Y a continuación ya puedes empezar con la limpieza.

Para este ritual necesitas:

> agua de manantial (también puedes usar agua de luna o de sol)

> una rama de olivo

Aquí me gusta respetar la tradición ibera, sin ningún cambio o adaptación. Los iberos obtenían agua de algún manantial (pero también puedes usar agua de luna o agua de sol para efectuar esta limpieza), luego impregnaban una rama de olivo con esta agua y rociaban el hogar sacudiendo la rama en la dirección deseada.

Es posible que sepas que amo profundamente el olivo, pues es uno de los árboles más ancestrales y protectores que existen, además de ser de los más versátiles. Históricamente, se ha usado como protección del hogar, por ejemplo, poniendo ramitas de olivo en el marco de la puerta o en las cornisas de las ventanas.

La ceniza de olivo en las ventanas y a los pies de la puerta, en forma de línea que delimita el territorio externo del interno, actúa de escudo contra los malos espíritus y aleja a personas no deseadas de tu hogar. Eso evita visitas incómodas y maleficios hacia ti y tu familia en tu lugar sagrado, donde te mantienes en calma y es más efectivo todo tipo de maldición hacia tu persona. Pero no solo esto: el simple hecho de quemar hojas de olivo en tu casa te proporcionará, además, éxito.

RITUAL · PURIFICADOR PARA EL TERRITORIO

Sé que es probable que no vivas cerca de la naturaleza y que el contacto con ella no siempre es fácil. A pesar de tener una creencia o estilo de vida muy arraigado en la naturaleza, muchas veces tenemos que ser objetivos, por eso este ritual es sencillo pero de gran utilidad, tanto física como energéticamente.

Es sabido que la cáscara de huevo en polvo viene muy bien como fuente de calcio, para combatir plagas y como remedio para reducir la acidez de la tierra. Además, es muy efectiva como protección y para alejar los malos espíritus. Y, precisamente por eso, cuando doy mis paseos por el territorio con el que trabajo en solitario y gracias al cual me nutro de conocimiento, trazo una barrera con huevo en polvo disuelto en agua o incluso hago una infusión con romero y le añado esta cáscara no solo para beneficiar el entorno que tanto me aporta, sino para hacer una barrera contra cualquier mal.

Creo que es una manera muy bonita de agradecer y de unirte a la madre tierra, de aportar y de rendir un culto basado en el respeto.

RITOS *SANNATIOS*
O DE SANACIÓN

Por norma general, todos los dioses asociados a la ganadería y la fertilidad (ya sea humana o animal) estaban relacionados con la salud y la curación. Al ser una población que enfermaba con frecuencia por la carencia de muchos recursos, no era de extrañar que estos ritos se hicieran más a menudo de lo que se debería.

Una de las ofrendas más famosas que se daban en estos casos eran los exvotos anatómicos. Era habitual ver muchas piernas, ojos, dentaduras, brazos y manos, incluso vísceras humanas, relacionados con alguna dolencia de la persona que los ofrecía. Sobre todo eran las mujeres, las cuidadoras, las que ofrecían estos exvotos a la diosa por varias razones. Para empezar, para pedir a la diosa la regencración de esa parte enferma, ofrecían un exvoto de esa parte anatómica para que fuera este el que sufriera la dolencia en lugar del familiar. Fuera como fuere, volvemos a la creencia de la magia simpática: lo igual atrae a lo igual. Se buscaba obtener un determinado efecto a través del diseño o la representación de la parte afectada por la enfermedad.

Esta costumbre se sigue viendo actualmente en la brujería tradicional española. En muchas partes del mundo, se deja una ofrenda en gratitud a una Virgen, seguramente en una cueva con origen pagano que la cristianización tomó prestada para recibir allí sus ofrendas. Un claro ejemplo de esto de esto es la Virgen de la Cabeza en el pueblo de Andújar, en Jaén.

Por lo general, estos santuarios se encontraban en lugares relacionados con el agua, ya fuera porque había un manantial cercano, porque salía agua de las paredes rocosas o porque pasaba un río. Se ha comprobado que en los santuarios de sanación o *sannatio* solían brotar una serie de minerales beneficiosos para el ser humano, como el sulfato de magnesio o los bicarbonatos sulfatados con beneficios purgantes, que tenían propiedades curativas en los trastornos digestivos, los problemas de la piel, la artritis y los reumatismos, entre otros. Por tanto, el agua no solamente actuaba como sugestión hacia el poder de esa deidad sanadora, sino que ofrecía una serie de beneficios reales en el cuerpo humano.

Entre los rituales más famosos en estas cuevas o santuarios de sanación estaban las libaciones de vino y del agua que fluía en el interior de estos lugares sagrados y medicinales. Además, se usaba piel de serpiente y acebo a modo de incienso, y poemas de carácter curativo, recitados por la sacerdotisa.

Normalmente, solían llamar a sus antepasados difuntos para que protegieran a sus descendientes y a los enfermos. Este ritual también podía llegar a ser de culto doméstico y privado, en el que se usaban las figuritas asociadas a estos antepasados. Los iberos eran un pueblo que rendía culto prácticamente todos los días, ya que solían tener en sus hogares un pequeño altar dedicado a los dioses, en el que ofrecían a diario parte de su comida, bebida, danzas y poesías. Los iberos conocían la importancia de los dioses a la hora de pedir protección y prosperidad.

No es de extrañar que, cuando un familiar o incluso uno mismo estuviera enfermo, llegaran a pensar que alguna deidad o ente infernal era el causante de estos malestares. Por lo tanto, estos exvotos no solo se colocaban en los santuarios, sino también al lado del lecho donde se encontraba el enfermo, a modo de protección. Servían de barrera contra todo ente maligno que quisiera causar la desgracia en el hogar, alargaban el tiempo hacia la muerte y disolvían poco a poco todo mal o enfermedad, devolviéndolos a su lugar de origen.

Por último, te voy a contar el rito de sanación más bonito que me he encontrado en época ibera: consistía en desnudar al enfermo o enferma y colocarlo en un lugar en medio de la naturaleza, donde la hierba fuera fresca y abundante, para que estuviera en contacto con la madre tierra. Alrededor del enfermo, en el suelo, solían depositar ciertos alimentos como cereales, trigo, grasas, carnes y semillas para que también se cargaran de las energías benevolentes del entorno. La intención era que el enfermo los consumiera para obtener el poder de preservar los órganos internos, mayormente, el corazón y el hígado, y que estos ayudasen al cuerpo a ir recuperando poco a poco la fuerza. Este ritual también se ofrecía a los guerreros cuando llegaban de la guerra, para que pudieran recuperar las fuerzas después del desgaste de energía y de los largos días fuera de casa, viviendo a la intemperie y alimentándose de forma escasa.

RITUALES DE SANACIÓN NATURAL

Cuando enseño estos rituales, muchas personas se suelen sorprender por su sencillez, pero créeme que muchas veces merecen la pena por la rapidez o los escasos materiales que se necesitan. No siempre tenemos ganas de hacer ritos elaborados que duran horas o que necesitan de una planificación previa, sobre todo cuando debemos ir al campo o al bosque y no queremos cargar con muchas cosas.

Sanar en la naturaleza es sencillo: a veces, solo sentarse entre árboles o ser consciente de la grandiosidad del entorno ya tiene un efecto analgésico para cualquier dolencia. Siempre pongo de ejemplo a los deportistas que van a correr a la naturaleza, lejos de los pitidos de los coches o del estridente ruido del día a día. Todos aquellos con los que me he topado en la vida me han dicho lo mismo: el campo los calma, los restaura, y yo sé que es cierto porque también lo siento así.

Actividades al aire libre que sanan el alma:

> caminar descalzo

> cerrar los ojos y sentir el viento. Respirar conscientemente

> tomar el sol sin abusar

> baños de luz de luna y estrellas, ya sea con los ojos abiertos, observando la inmensidad celestial o con los ojos cerrados, sintiendo su energía

> baños en manantiales, ríos o el mar. El agua sana, purifica, y las corrientes se llevan siempre lo malo

> el contacto respetuoso con el espíritu de las plantas, flores o árboles

> meditar

> la danza en lugares naturales

> crear música, dibujar, leer, tejer, todo lo que sea creativo

RiTo DE PaSo DE EDAD o INiCiACióN

Estos ritos se celebraban en santuarios en el exterior de los *oppida*, pero con el paso del tiempo se crearon templos a la entrada de la ciudad. De esta forma, se podía hacer el primer paso de la celebración y luego seguir con la segunda parte en la ciudad sin tener que trasladarse mucho para no perder el deseo de la celebración. Participaban todos los habitantes del pueblo ibero.

Los ritos de paso de edad se celebraban cuando un miembro del poblado pasaba a una edad propicia para desempeñar una función. Por ejemplo: las niñas pasaban a ser mujeres y ya podían casarse, más tarde tener descendencia, y luego pasaban a ser ancianas, momento en el que su conocimiento era muy valorado por los demás habitantes. En el caso de los hombres, solían pasar de niños a guerreros y, más tarde, a estar preparados para la descendencia o ir a las guerras para poder comerciar y traer poder al poblado. Cabe decir que no hay testimonios, o al menos no los he encontrado, sobre género (no binario, transexualidad, expresión de género u orientación sexual fuera de la heteronormatividad). Si fuera así, creo que los rituales lo incluirían de alguna manera o que habría otros aparte. No lo sé. En todo caso, demuestra unos roles marcados para los hombres y las mujeres.

Cada cambio de rol propiciaba una celebración, que se dividía en dos partes: en la primera, más triste, solemne y silenciosa, se hacían ofrendas (túnicas, pelo, mantos, vestidos, anillos, brazaletes) y sacrificios de animales, que luego serían degustados por el pueblo.

La segunda parte, en cambio, era una celebración con música, danzas, competiciones, juegos y banquetes. Esta segunda fase se corresponde con la resurrección del iniciado o el que pasa de edad, mientras que la primera etapa hace referencia a la época que deja atrás y se representa con la muerte.

Las ofrendas eran exvotos, pero esta vez representaban a la persona que celebraba su paso de edad o iniciación hacia un rol nuevo. Dependiendo de la edad, las figuritas eran de una manera u otra: las representadas con túnicas y pelo cortos eran para los más jóvenes, mientras que las de pelo y túnicas más largas eran para los adultos. Esto nos permite saber que había distintas celebraciones y distintos pasos de edad y que todos se consideraban igual de importantes y necesarios en el ciclo de la vida. Como veremos más adelante, también celebraban la muerte, ya que ellos la veían de forma diferente a nosotros, sin tanto tabú o prejuicio. Otra ofrenda eran las trenzas de las jovencitas.

Estas trenzas terminaban en un aro de metal como elemento decorativo. Eran también un elemento de culto a una deidad: era como decir que pertenecían a la diosa.

En estos ritos también se incluye la celebración del año nuevo o nuevo ciclo estacional. Ese momento marcaba la renovación de la naturaleza y la sociedad, un nuevo inicio que permitía volver a obtener los beneficios de cada una de las etapas.

El carácter funerario estaba presente con Kaukor (dios del fuego y del sol), conocido más tarde por otras civilizaciones con el nombre de Melkart o Heracles.

Es obvio que no podemos hablar de ritos sin hablar de dioses y las deidades asociadas a este ritual que, además, son diferentes si hablamos de los hombres y de las mujeres. En el caso de los hombres, el ritual estaba asociado a un dios aguerrido, celeste e infernal a partes iguales, que más tarde se relacionó con Reshef o Melkart (también con Apolo en algunos casos, pero recordemos que no es ninguno de ellos, simplemente es una referencia para entender qué cualidades tenía dicha deidad). Como decía antes, su nombre es Kaukor. Cuando los hombres pasaban al rol de joven guerrero, celebraban ritos complementarios durante los cuales llegaban al trance (con ayuda de sustancias narcóticas como el opio o el cánnabis) y creían que se convertían en hombres lobo y que eso les proporcionaba la fuerza suficiente para poder sobrevivir cierto tiempo lejos de la ciudad, en medio de la naturaleza. Allí debían cazar para alimentarse, cuidarse y saquear si era necesario hasta que se sintieran lo suficientemente aguerridos para volver a su ciudad como valientes guerreros.

Los rituales de las mujeres estaban asociados a una deidad sabia, celeste e infernal, cuya representación era una diosa con unos brazos que acaban en cabeza de lobo. Más tarde se relacionaría con Artemisa y Hécate, adaptando su forma de ser o atributos, para representarlas como sabias, con una gran capacidad para usar la magia a su favor, y las plantas medicinales, para el cuidado de sus seres queridos. A esta diosa los iberos la llamaron Ataecina o Ataegina.

RiTUAL VUELTA AL SOL

Además de los ritos de paso de edad, los iberos celebraban el día del nacimiento porque estamos en continua evolución y siempre hay algo nuevo que ofrecer a los demás. Sumar años supone salud, supone perdurar, estar aquí y ahora, recibir un año más la posibilidad de vivir. A mí no me gustaba mi cumpleaños. Hoy en día aún desconozco las razones por las que odiaba ese día, pero así era. Hasta que mi psicóloga consiguió que me gustase y que viera como especial el día que nací. Por eso, cada año celebro mis rituales personales para recordar que yo también soy importante, que el día de mi nacimiento fue especial para muchas personas. Y eso no debemos olvidarlo.

Para este ritual vamos a necesitar:

> dos velas blancas

> una cuerda de yute

> dos hojas de papel (a mí me gusta usar papel reciclado)

> un lápiz de grafito

> un cuenco

Nos sentaremos tranquilamente a una mesa y pondremos las dos hojas de papel delante de nosotros: la que esté en la izquierda debe representar el pasado, y la de la derecha, nuestro futuro.

Una vez hechos los preparativos, debemos empezar por la del pasado. En ella debes escribir, en la parte de arriba, todo lo que has conseguido y lo bueno que te ha pasado a lo largo del último año. ¡Y no me digas que nunca te pasa nada bueno, porque no me lo creo! Piensa hasta que lo tengas en tu mente. Siempre nos pasan cosas buenas, solo que no las valoramos. Cuando hayas terminado esta parte, debes escribir en la parte de abajo lo que quieras dejar atrás, lo que quieras mejorar, los vicios, actitudes y dependencias que quieras cambiar, o incluso lo que te gustaría aprender en el nuevo año para poder ser la mejor versión de ti.

Al terminar, sostén en las manos la hoja que le pertenece al futuro y piensa qué deseas, cómo quieres vivir tu vida, cómo quieres despertar cada día de este año solar nuevo. Puede tratarse de ambiciones, viajes, metas, sueños por cumplir… Y, por favor, no creas que no eres capaz de conseguir lo que sea que desees: la vida es extraña y nunca se sabe lo que puede llegar a pasarte. Escribe eso que te hace sonreír, las cosas que te aceleran el corazón y que son buenas para ti, sin pensar en lo externo ni en los demás. Solo lo que dependa de ti, porque tu vida depende de ti. Olvídate de agradar a los demás y enfócate en tu avance y en tu aprendizaje.

Cuando tengas todo esto, dobla los dos papeles por separado y mete la nota de la derecha en tu bolsillo derecho y la de la izquierda en el otro. Puede que parezca una tontería, pero te ayuda a reconocer las notas más adelante. Ponte de pie, coloca una vela a unos quince centímetros de tu pie derecho y la otra a la misma distancia de tu pie izquierdo. Después, coloca la cuerda delante de ti, como si fuera una especie de línea de meta, y deposita el cuenco en el centro.

Luego, incorpórate, coge la nota de tu izquierda y piensa en todo lo que has escrito en ella. Piensa con orgullo en todos tus éxitos, sin clasificarlos, felicítate por ese año lleno de resiliencia y en el que lo hiciste lo mejor que pudiste con las herramientas que tenías en ese momento. Agradécetelo y quema la nota con la vela de la izquierda, mientras pasas por encima de la cuerda con orgullo y dejas atrás todo agradecimiento. Mira cómo todo se queda atrás y pon las cenizas en el cuenco que has depositado antes. Sonríe, siente la plenitud y la satisfacción y vuelve a dar las gracias.

Cuando termine de quemarse la hoja del pasado, coge entre tus manos la nota del futuro, de este nuevo año que sabes y das por hecho que será muy bueno. Créelo porque así se empiezan los sueños cumplidos. Tómate un tiempo para visualizarlo todo y pasa rápidamente la nota por encima de la vela izquierda, para purificarla y, sobre todo, purificar tu energía volcada en ella. Recoge la cuerda y ata la nota con ella. No hay una forma específica, simplemente hazlo como tu intuición te diga y guárdala entre ramas de olivo o ramas de laurel en el lugar donde creas que es el mejor refugio para guardar tu año venidero.

Respecto a las velas, apaga la que te ha ayudado a quemar la hoja del pasado y deja prendida hasta que se consuma la de este año. Cuídala y vigílala. La ceniza del cuenco representa la muerte del año pasado y todo lo vivido, deja que se la lleve el viento. La vela que dejas prendida representa la vida, la energía y la nueva esperanza.

Ritos funerarios

Si hay algo en lo que eran expertos los iberos, era en estos ritos. Como ya sabemos, creían firmemente en los poderes *post mortem* de sus antepasados, por eso era fundamental para ellos preparar la muerte de un ser querido para que se fuera como debía ser al más allá, recibiendo sepultura debidamente con los ritos funerarios adecuados.

Estos rituales no solo nos hacen pensar en la importancia que tenía para ellos rendirle ese homenaje a sus muertos, sino que nos demuestran su preocupación por la descendencia. Quien no tuviera un heredero tal vez no recibiría en un futuro estos rituales necesarios para el reposo del alma en el más allá. El rito era tan importante que, si no se encontraba el cuerpo del fallecido o, por el motivo que fuese, no podía recuperarse, igualmente se celebraba un rito en su nombre y se enterraba una piedra en lugar del cuerpo con conjunto funerario y todo.

El rito más importante era el de la incineración. Se hacía un hueco redondeado en el suelo, cerca de la necrópolis a la que pertenecía el difunto, y se cubría el fondo con ramas de pino silvestre o retamas que servían de lecho. Sobre esta pira se depositaba el cadáver con sus mejores ropajes, enjoyado y con peinado de gala para poder partir de la mejor manera al otro lado. Lo perfumaban y lo ungían en aceites mientras acudían las plañideras (mujeres que lloraban). Se creía que las lágrimas —reales o no— que derramaban estas plañideras ayudaban a limpiar el alma del difunto y lo llenaban de calma y plenitud. Cuando estaba posicionado en el lugar donde iba a cremarse, primero se le ofrecían libaciones de agua, vino o cerveza para purificarlo. Ofrecer libaciones y vestir al fallecido eran tareas que correspondían a las mujeres más ancianas de su familia o del poblado, junto con la sacerdotisa. Una vez que habían pasado los días necesarios del velatorio, con ayuda de los hombres más cercanos al fallecido y acompañados de incienso, música suave y antorchas, lo acercaban hacia el sitio donde iba a ser incinerado. Cuando el fuego estaba prendido, eran las plañideras quienes se encargaban de mantenerlo vivo y quienes posteriormente recogían los huesos con una especie de pala y los metían en una urna funeraria. Está claro que, cuanto más relevante fuera esta persona en el pueblo, mejores galas, ritos e incluso urna tendría.

El ritual no solo consistía en calcinar los huesos, sino que también se cavaba una tumba que se pintaba con cal y, más tarde, de rojo, como símbolo de purificación y poder. En ese lugar se depositaban la urna y su mejor ajuar funerario. Allí disponían también un juego de vasos, platos y utensilios y una gran cantidad de comida, para que el fallecido pudiera alimentarse en el más allá y así llegar sano y salvo y, sobre todo, alimentado. Entre las ofrendas había aceitunas, almendras, cereales, avellanas, huevos, nueces, piñas y piñones, y una cantidad considerable de cenizas de ovejas, caballos y cerdos. Todo esto pertenecía a la parte correspondiente de la comilona que hacían en el banquete *post mortem* del ritual.

El ritual que organizaban para ubicar la urna dentro de la tumba junto con todo su ajuar era sencillo, pero también muy solemne: reinaba el silencio y se quemaban incienso y varias plantas aromáticas y resinas (hojas de olivo, resina de pino) con la intención de manifestar e invocar a la diosa. Entre rito y rito (como si no fueran suficientes), organizaban otra ceremonia parecida a la agraria, en la que le ofrecían a la diosa leche, miel y agua mediante libaciones con el fin de calmarla.

Los ritos posteriores al acto de sepelio eran más sencillos y, muy de vez en cuando, consistían en ir a la tumba del fallecido y ofrecer libaciones a la tierra donde se ubicaba, precisamente como nosotros hacemos cuando vamos a visitar a nuestros antepasados al cementerio: les limpiamos la tumba, les ponemos flores y las regamos. Pues exactamente igual, y es que en esto tampoco hemos cambiado mucho. Somos y pensamos igual que hace miles de años.

Muchas veces, cuando el fallecido moría por una enfermedad, creían que la enfermedad de este pasaría a los campos y a los cultivos. En estos casos, hacían otro ritual más para subsanar este daño y obtener bienestar en el territorio. De ese modo favorecían el viaje al más allá del difunto, para que pudiera encontrarse con éxito con la divinidad psicopompa que lo guiaría hacia el lugar al que debía ir. Todo esto siempre acompañado de danzas, juegos y banquetes funerarios.

Cabe destacar que, cuanto más importante fuera el difunto, o si se trataba de una dama o un príncipe, la tumba se decoraba con una columna de piedra coronada con algún animal mitológico o de protección. Ese lugar se aprovechaba para hacer danzas circulares en honor a este personaje.

LAS LEMURIAS IBERAS

Ya sabemos que para los iberos eran muy importantes sus antepasados. Creían que estos, después de muertos, se convertían en divinidades protectoras de los hogares, pero existía una creencia bastante tormentosa para ellos: que sus antepasados no estuvieran contentos con ellos (ya sea porque se portasen mal o los descuidasen de ofrendas y cuidados).

Este ritual era de carácter privado, aunque algunos expertos creen que también se hacía a gran escala en el entorno de las necrópolis, para los muertos de todos. A pesar de esta idea, solo tengo información del ritual que se celebraba en el entorno privado del hogar. Se celebraba durante los días en los que aproximadamente ahora festejamos Beltane, en mayo, que para los iberos era el mes por excelencia de los ancianos y los antepasados. Durante este mes no había otra celebración ni casamiento, ya que podía atraer mala suerte a todos los habitantes.

La finalidad de este rito era aplacar los males causados por los malos espíritus (molestos o no, nunca se sabía) por el mal comportamiento de sus familiares vivos.

El ritual se celebraba a medianoche y debía ser propiciado por el patriarca de la familia, que supuestamente ejercía de protector. En la noche, el padre de familia se levantaba de la cama, dejaba en la habitación al resto de la familia (aterrorizada y llena de incertidumbre) y se dirigía descalzo hacia el centro del hogar o a la entrada. Durante todo el trayecto iba con el gesto de la higa en la mano (el puño cerrado y el dedo pulgar entre el anular y el corazón) como método de protección y se dirigía hacia el lugar en el que con anterioridad habían dejado un cuenco para lavarse las manos y purificarse. Al lado había otro cuenco con nueve habas negras o nueve semillas. Debía cogerlas y, dirigiéndose hacia atrás, lanzarlas de una en una por encima del hombro. Nunca debía mirar hacia atrás, porque creían que sus antepasados furiosos se los comerían, literalmente. Cuando terminaba de tirar las nueve habas, debía mirar hacia atrás, ver si se lo comía o no sus furiosos fallecidos y volver a lavarse las manos. Así, les daba de comer con las habas a sus antepasados y, durante un año, él y su familia estaban a salvo.

Ritual de Agradecimiento a Nuestros Ancestros

Cuando queremos honrar a nuestros ancestros y darles las gracias, es suficiente con poner un altar con sus fotos, recordarlos o hablar de ellos y ofrecerles lo que sabemos que les gustaba, como una copilla de anís, tabaco, vino o alguna fruta que ellos disfrutaran en vida. Pero a mí me gusta ir más allá. Digo todo esto sin la intención de menospreciar, ya que este tipo de altares o actividades con nuestros ancestros son muy necesarias para conocer sus energías e incluso poder trabajar con ellas como hacían los iberos.

Hago un pequeño inciso, y es que a veces no nos llevamos bien o no nos sentimos cómodos con parte de nuestra familia porque fueron bastante tóxicos o porque son desconocidos. En mi caso, por ejemplo, mi familia paterna nunca nos quiso conocer ni a mí ni a mis hermanos por circunstancias que no vienen a cuento, y mi familia materna es más tóxica que la cicuta. Entonces ¿cómo hago yo para rendir culto a mis antepasados? ¡Fácil! Antes de mí y de esos familiares con los que no tengo contacto, había otras personas que ni siquiera imaginaban que yo fuera a ser su descendiente. Ellos consiguieron estar sanos para poder tener descendencia y, gracias a eso, hoy estoy aquí escribiendo este libro. No me hace falta saber sus nombres ni tener fotos para darles las gracias y acordarme de que antes de mí hubo muchas personas, mujeres y hombres, que vivían sus vidas al igual que yo. ¿Me gustaría conocer sus historias? ¡Por supuesto!, pero eso es algo que sabré después de muchos años de investigación. Mientras tanto les rindo culto y les doy las gracias. Tras este inciso, necesario para que no te sientas culpable si te encuentras en una situación parecida y no te llevas bien con tu familia, procedo a explicar el ritual.

Los iberos solían tener dentro de sus casas una habitación específica donde conservaban las representaciones de sus antepasados. Incluso enterraban en el suelo a los bebés que fallecían para que los protegieran de los entes o espíritus malignos. Sabiendo esto, debemos montar, en una habitación que nos guste de nuestra casa, o en un rincón de nuestra habitación, un pequeño altar donde no solo pondremos la bebida, la comida u otros objetos que ellos deseaban o apreciaban, sino también algunos elementos que, por norma general, solían usar los iberos. Por ejemplo, un incensario con resina de pino o enebro, que no solo favorecía la comunicación con los antepasados, sino que también ayudaba a calmar su espíritu. Junto con esto se ofrecían recipientes de agua cristalina en los que flotaban flores y cánticos que hablaban de las hazañas de los antepasados. Todo esto creo que lo podemos adaptar personalmente a cada uno y, si lo hacemos con cariño, todo saldrá de escándalo.

PROTECCIONES

Es lógico pensar que los iberos, siendo tan supersticiosos, tendrían objetos de poder o protección. Por mucho que sea difícil de creer, uno de ellos son las higas. Se han descubierto higas de plata y de azabache en necrópolis u *oppida* iberos, y me asombra pensar que actualmente también las tenemos y es muy común verlas en el cuello de muchas personas creyentes (de la religión que sea) o no.

Otros objetos de protección eran los huevos de codorniz pintados a modo de ojo. El huevo simbolizaba la fecundidad, y el ojo representaba el poder de observar lo intangible. Te despertaba todos los sentidos para que fueras capaz de ver espiritualmente a la diosa que hacía de puente entre el mundo terrenal y el celestial. Ejercía de protector y de guardián y salvador, y era capaz de ver a los enemigos que los demás no podían ver con los ojos normales. Representan la intuición y el ojo que todo lo ve.

Lo mismo que la higa, las manos en el mundo ibero eran, como sucede en todas las civilizaciones antiguas, un potente elemento protector, tanto de entes malignos como de encantamientos y maldiciones. Por eso colgaban en el dintel de la puerta de entrada una mano que paraba los efectos de todo mal augurio en la casa o la familia.

5

DIOSES DEL PANTEÓN IBERO

Si buscas en internet los dioses iberos, no encontrarás gran cosa o te aparecerán solo nombres griegos, incluso fenicios. Por ese motivo, muchos piensan que los iberos eran ateos y que no tenían ningún tipo de religión o fe, lo cual es extraño. Desde tiempos prehistóricos, todos los pueblos tienen una creencia arraigada a las fuerzas mayores de la naturaleza y, existan o no testimonios de ello, es ilógico pensar que los iberos eran los únicos en la faz de la tierra que no tenían fe alguna.

Puede ser que las deidades que se describen en este capítulo te resulten desconocidas, puesto que el panteón ibero no se parece en nada a los conocimientos que tenemos de otros panteones. Es posible que te sepa a poco, como me pasó a mí cuando quise descubrir cuáles eran mis dioses ancestros.

Una de las cosas que peor llevé fue el no tener un nombre para ellos. Luego entendí que este panteón es el que mejor se adapta a mis creencias, ya que yo, por ejemplo, pertenezco a ese grupo de personas que no entienden los dioses como seres con atributos humanos, sino como poderes energéticos. Por eso, no encontrarás aquí una representación humana atribuida a un dios o diosa. Sin embargo, al ser una religión natural, encontrarás testimonios fiables de que los iberos, al igual que algunas culturas más modernas, tenían dos formas de entender las fuerzas de la naturaleza.

LA DIOSA MADRE
Y EL DIOS PADRE

Te recuerda un poco a la wicca, ¿no? Esta forma de entenderlos es prehistórica: una diosa madre asociada a los cultivos, a la naturaleza, a la fertilidad, a la fecundidad, a los nacimientos y a la abundancia; y un dios celestial asociado a las lluvias que fecundan los campos, a algunos animales, a los cielos, etc.

Es importante que hablemos exhaustivamente de ellos, sin quedarnos en la superficie, como hacen tantas fuentes. También veremos cómo rendirles culto.

DIOSA MADRE

A pesar de que anteriormente la he llamado Betatun, no se sabe si este fue el nombre que le puso el pueblo ibero. Igualmente, y como he dicho antes, para mí no es importante nombrarla así: con diosa madre ibera o diosa ibera de la naturaleza, se entiende. La diosa siempre se rodea de elementos vegetales como la palma, la granada, los higos o, incluso, las plantas curativas o solanáceas que usaba para perjudicar o ayudar a sus creyentes.

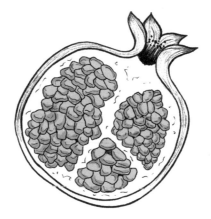

Signos de llamada o elementos asociados:

> la paloma

> la adormidera

> las aves, sobre todo codornices

> serpientes, lobos, ciervos, peces, conejos y, en muchas ocasiones, caballos

> representada muchas veces en pintura con alas, incluso los tronos son alados

> la palma

> la granada

> los dátiles

> las esfinges, los leones

Se la suele asociar con los símbolos que indico a continuación, posteriormente relacionados con la diosa Tanit, con las mismas referencias y atributos que la diosa madre ibera.

No sabes lo increíble y apasionante que es descubrir que esta diosa es la antecesora de otras muchas que hoy en día son muy queridas y veneradas.

Los cartagineses, por ejemplo, adoraban a Tanit, y actualmente se celebran fiestas asociadas a esta diosa en las islas Baleares, sobre todo en Ibiza. Más tarde pasó a ser Astarté, diosa de los fenicios, con los mismos atributos. Y, anteriormente, en Tartesos, se la conocía bajo ese mismo nombre. Más tarde la conocemos como Proserpina, Perséfone e incluso Ishtar. Todo ello nos da a entender que no solo era una diosa de la fertilidad, sino que también era la diosa del inframundo, del más allá; una deidad que actúa como psicopompo, al igual que las demás diosas anteriormente citadas.

Esta asociación con el inframundo la deducimos por las diosas con las que se la ha vinculado con el paso de los años, además de por las representaciones en los santuarios asociados a la reencarnación y por algunos elementos como la adormidera, una planta que se asocia con la vida y la muerte, con la salud y la enfermedad.

Es una diosa completa en todos los sentidos, ya que es solar pero también lunar, y se le rinde culto por ambas peculiaridades. Enérgica como el sol y sabia y hechicera como la luna, bondadosa como el día y misteriosa e infernal como la noche.

¿CÓMO RENDIRLE CULTO?

Es posible que te preguntes: «Vale, Mara, ¿y cómo le rindo culto si quiero trabajar con ella?». Fácil. En primer lugar, entendiendo su naturaleza y, en segundo lugar, recordando que rendir culto a cada deidad que nos gusta o nos elige es un camino personal. Así pues, te animo a que te sumerjas en una época de investigación, que no te enfoques solo en lo que digo en este libro sobre los dioses iberos, sino que los investigues histórica, arqueológica y antropológicamente. En este libro me limito a abrir una puerta, porque el tema, de lo contrario, sería interminable. A veces nos dejamos llevar por la opinión de una persona y olvidamos que no solo había una civilización detrás que conocía muy bien a la diosa. Debemos centrarnos en su contexto social e incluso investigar otras culturas que recibieran sus influencias, pero sin perder de vista que el camino es personal y que la intuición está ahí siempre. Sea con esta diosa o con otras, incluso con un dios: da igual.

Dicho esto, la diosa madre la encontrarás en la naturaleza. Para mí, da igual la fecha del año que sea, aunque resurja en primavera y salga de su morada en la mitad del año asociada a la luna y los fríos. Ella siempre tiene su energía impregnada. Dale como ofrenda cualquiera de los elementos que he indicado más arriba, ya sean alimentos o la representación natural de algún animal, plumas o dibujos. El vino era una bebida muy usada por los iberos y a veces le añadían miel y leche caliente. Si ellos lo hacían, te aseguro que es buena idea, ya que su respeto hacia esta deidad era muy grande.

En el panteón griego tienen una deidad exclusiva para representar la energía de la oscuridad asociada a la luna, la hechicería, el mundo subterráneo. Erróneamente o no, la asocian a una triple personalidad como Brigit. También es ctónica y actúa en parte como psicopompo al llevar las almas de los fallecidos al más allá. Y no solo eso, sino que también se le reconocen unos atributos de sanadora e incluso protectora de infantes y parturientas.

Todas estas particularidades también las tiene la diosa madre ibera, de la que ya hemos hablado en el tema de los ritos. Es también señora del inframundo, del averno, y puede conceder la inmortalidad a través de la reencarnación u obteniendo una siguiente vida.

A los iberos no les hacía falta una gran cantidad de dioses y diosas con distintos nombres para diferentes naturalezas: entendían que tenían muchas caras o personalidades. Esto lo vemos mucho en el cristianismo, ya que tenemos representaciones de una misma Virgen, pero con distintos atributos. Dependiendo de cuál sea la necesidad, se visita a una u otra. No se trata de dos diosas, sino de una personalidad diferente con una imagen y una simbología particular en cada caso. En muchas ocasiones recibe el nombre del sitio en el que se le apareció a sus fieles, como la Virgen de Covadonga o la Virgen de Fátima.

EXVOTOS

Uno de los rituales más característicos de los iberos eran los exvotos. Estos consistían en crear figurillas de piedra, terracota y posteriormente de bronce. Hoy en día se siguen haciendo en trabajos mágicos en cera.

Mayormente, eran ofrendas que se ofrecían a las deidades en busca de algún privilegio, salud, curación o como agradecimiento por haber recibido algo de ellos.

Estas imágenes solían ser de personas, niños, animales o partes del cuerpo para crear una referencia de lo que necesitaban de sus dioses, o de sus ancestros en algunas ocasiones. Por ejemplo: figuras de mujeres con manos en forma de plegaria como agradecimiento por haber escuchado las peticiones, pechos como agradecimiento por la fertilidad, animales para agradecer el buen año ganadero o para pedir la salud de sus animales que pudieran estar enfermos, niños como tributo por algún rito de paso de edad o partes del cuerpo como piernas o brazos para pedir o agradecer por el miembro de algún familiar.

Normalmente, las que ofrecían los exvotos a los dioses eran las mujeres, ya que ellas se encargaban del tema religioso y mágico de la comunidad y de sus familiares. Fue algo muy común a lo largo de los años y apenas sufrió cambios en las técnicas de fabricación de sus exvotos o en su intención mágica. Es por este motivo que, si buscamos exvotos en internet, encontraremos miles de imágenes muy parecidas, y no nos resultaría difícil adivinar la intención de cada uno de ellos, ya que hablaban por sí solos, por el tamaño, posición o elemento representado.

¿Dónde se depositaban? En los lugares de culto que he mencionado anteriormente, pero también en otros de los que no he hablado, como en pozos y en lugares donde el agua reinase y fuera clave en el entorno. Allí, todo lo malo se iba y lo bueno llegaba con la corriente. Era importante que estos lugares alternativos estuvieran lejos de los núcleos de población para que fuera necesario trasladarse para acceder a ellos (peregrinaje).

Un ejemplo, aunque posteriormente cristianizado, es el santuario de la Virgen de la Cabeza en Andújar (Jaén), donde, en la actualidad, se depositan miles de exvotos cristianos, ofrendas como muletas, gafas o fotos de las personas a las que queremos que la Virgen ayude. Este santuario era antaño una cueva sagrada para el pueblo ibero, donde se llevaban los exvotos y se podía pedir y agradecer a las deidades.

Como dato personal, añadiré que, en mi práctica, uso mucho los exvotos junto con el trance, porque me ayuda formar una figura con una intención en particular (yo uso la cera), en la que vuelco toda mi energía y fe para que algo en concreto funcione en mi vida o incluso para agradecer algo. Creo que es de las técnicas más manuales y efectivas que existen, por el simple hecho de que los estás creando tú desde cero tanto material como espiritualmente.

Y, por supuesto, en mi altar también tengo algunas representaciones reales.

DIOS PADRE

Esta energía tiene los atributos de un dios protector, pero no es buena idea enfurecerlo. No es exclusivo del cristianismo creer en un dios que se ofende rápido y que despierta en sus fieles un sentimiento entre el miedo y el respeto.

Imagina a este dios como el dios de la guerra griego y no el del panteón romano. Este último es más agresivo que el anterior. El dios griego, por otro lado, tiene más atributos además de proteger en la guerra y ser un dios de la sangre y del rojo. También es el dios de la lluvia, el que provee los campos de fertilidad, y es la personificación del sol.

Por lo general, suele portar la energía combatiente. Era un dios muy cercano a los humanos, lo cual me recuerda mucho a Thor, el dios hijo de Odín en la mitología nórdica. Y es precisamente a este al que se asocia con Apolo o Melkart.

Lugh, el dios celta del sol (el dios primordial, por así decirlo, de esta cultura), sería el familiar más cercano. Según los investigadores de las creencias antiguas o los estudiosos de la religión prehistórica, dicen que Lugh es una apropiación, pues antes no tenía nombre.

Según los escritos de Estrabón, este dios era innombrable y omnipresente. Hoy en día no se sabe dónde estaban sus templos, pero se sospecha que posiblemente estén bajo el agua.

Esta divinidad masculina era el compañero de la diosa madre y estaba muy vinculado a las experiencias astrales de la inmortalidad.

Lo representaban los siguientes símbolos: el toro, el ave fénix, los caballos, las lanzas, la lluvia y los cascos y los escudos.

Es también una divinidad ctónica como su compañera, la diosa madre: ella se encarga de ser la portadora de almas al más allá, y él acomodaba y custodiaba las almas en su ciudad en el inframundo. Pero, sobre todo, era el protector de los reyes y guerreros caídos en combate. Asimismo, era un dios agrario asociado con la naturaleza, las cosechas y el ganado. En ese sentido, tenía una festividad anual de resurrección de los cultivos, donde termina su vida en forma de fuego que calienta el frío invierno y luego resurge en una forma nueva, volviendo a proveernos de alimentos sanos y naturales desde el inicio de la primavera. Por ese motivo, se le asocia con un pájaro de fuego que emigra y vuelve con el buen tiempo. El fuego es símbolo de pureza, vivacidad y resurgir.

Gracias a su carácter crónico, funerario, agrario y guerrero, tiene todas las personalidades que podríamos pensar. Además, también es un dios de la salud y la enfermedad. Por ese motivo, los reyes lo tenían muy presente para que los protegiera a ellos y a sus familias. En algunos rituales, incluso, representaban al dios con la figura del propio rey, y a la diosa madre, con la figura de la reina.

Esto nos recuerda a otras culturas, como la egipcia o incluso la meso-potámica, donde los fieles del paganismo egipcio, el kemetismo, creían (y siguen creyendo) que el dios de turno se inmortaliza tras reencarnarse en los faraones y faraonas.

Esto es más o menos lo que creían: que, indefinidamente, o incluso en momentos puntuales dependiendo del pueblo ibero, el rey era el dios.

Antes hemos comentado que el dios padre, el Liber Pater, no tenía nombre (por así decirlo), pero esto era cuando los iberos no tenían esa influencia griega o fenicia en sus creencias. Cuando los griegos llegaron, sintieron la necesidad de llamarlo de alguna manera, ya fuera para evitar errores a la hora de referirse a los dioses o para diferenciarlos. Así, los expertos han descubierto dos nombres asociados no a dos dioses, puesto que no existen dos deidades de energía masculina, sino a dos de sus personalidades.

> **BOKON:** es el nombre asociado a la personalidad agraria del dios. Se identificaba con Dionisos o Baco. Se asocia al vino, las uvas y la fertilidad de los campos. Se trata de un dios con la actitud relajada (no tan furioso como el dios de la lucha y la guerra), la de quien llega a casa después de un largo viaje de guerrear.

> **KAUKOR:** nombre que se le daba a la personalidad aguerrida del dios padre, era muy querido por los monarcas y guerreros. Casi siempre se le representa montado a caballo con una lanza o falcata. Es la personalidad del dios padre encargado de encontrarse con la diosa ibera madre al principio de la primavera para procrear y así hacer que la tierra despierte. Su símbolo sería el siguiente:

Dioses de culto ibero

A partir de la influencia de los griegos en la península y las demás culturas externas, hubo culto a otros dioses: la llegada de los griegos o los fenicios no fue tajante y los dioses en la península ibérica no cambiaron de la noche al día. Fue un periodo de sincretización, en el que los dioses iberos convivían con el panteón griego o el panteón fenicio, por lo que en estas tierras se rindió culto a nuevas deidades.

Recuerda que, antes de los griegos, por influencia fenicia, los dioses no se representaban con cuerpo de humano. Fue *a posteriori*, con testimonios gráficos como el dios Kaukor (montado a caballo, de cerámica, posiblemente con una finalidad ritualista), cuando se empezaron a representar así. Los dioses que menciono a continuación cuentan con representación antropomórfica.

ASTARTÉ

Diosa de origen fenicio que representa el amor, la lujuria y también la naturaleza. Los cultos agrarios están relacionados con ella. Por este motivo, muchas veces creemos que los iberos también llamaban Astarté a su diosa madre, pero por ahora no hay evidencia de ello.

En la civilización mesopotámica, es la evolución de Ishtar o Inanna y, al igual que ellas, está asociada con el planeta Venus.

Por eso, la representaban de forma parecida a Afrodita, Ishtar, Tanit o Venus. No solo está asociada al planeta, sino también a las estrellas e incluso, en algunas ocasiones, a la luna.

Se suele representar desnuda y encarna la sensualidad, la fertilidad y la belleza, pero no es en absoluto una diosa débil o sumisa. Astarté también se representa con una piel de león, al estilo de Hércules, dando a entender que es una guerrera. Su fiereza me recuerda mucho a la diosa Freyja, del panteón nórdico, que no solo representa el amor y la belleza, sino que también es una diosa guerrera.

A veces se la representa alada con sus animales de poder, como el toro, la paloma o la abeja proveedora de miel (por eso se le da miel como ofrenda) y se la identifica en muchas ocasiones con la palmera, la granada y la flor de loto.

No sé si te has dado cuenta ya de la gran similitud con la diosa Tanit. Por ese motivo precisamente insisto en que los dioses no son diferentes entre panteones: son los mismos, pero con diferente nombre. Como sabes, cada idioma tiene una palabra diferente para referirse, por ejemplo, a las estrellas.

Tengan unas actitudes más marcadas que la de otro panteón o no, son exactamente la misma deidad y, dependiendo de la cultura y la sociedad en la que se encuentren, pueden presentar pequeñas variaciones de carácter.

Entre sus rituales están las libaciones de vino y agua para los días festivos de la agricultura y la ganadería, y varios momentos dentro del ritual de trance con la ayuda de las plantas a las que me refiero en el capítulo «Trance y éxtasis». La música y el alcohol también tienen un papel importante, no solo para propiciar un buen resultado a la hora de realizar un viaje o vuelo astral, sino también como afrodisiaco para rituales amatorios.

Sabacio

Este dios se parece físicamente a Zeus, al Dios cristiano o, incluso, a Odín. Su aspecto es el de un hombre maduro con barba y pelo largo, en ocasiones canoso.

Le rendían culto para pedir o agradecer temas relacionados con la salud y con los ciclos agrarios.

Es de procedencia fenicia o incluso anterior, ya que se cree que puede provenir de Asia Menor. Era tan grande su relevancia que, en Grecia, por ejemplo, opacó a Zeus, y adoptó también actitudes y características de los dioses Dionisos y Zagreo.

Lo que más me gusta de este dios es su misterio: sus esculturas, bustos e, incluso, su mano derecha se representan con tanta simbología que recordarla o investigarla puede resultar agotador.

Simbología de Sabacio:

> **SERPIENTES:** símbolo de sabiduría, misticismo y de un dios superior.

> **BALANZA:** por su papel de psicopompo que lleva hasta el juicio final al fallecido.

> **AVISPA:** por su relevancia en los cultos agrarios de la mitad del año solar.

> **FUEGO:** por su carácter purificador.

> **MUJER AMAMANTANDO:** se creía que era protector de las mujeres y de sus hijos.

> **INSTRUMENTOS MUSICALES:** es aquí donde se le asocia con Dionisos, por su relación con las artes mayores.

> **CUCHILLA:** referencia a que se ofrecían sacrificios en sus templos, o que él incluso los pedía.

> **ALTAR:** para recordar que era un dios primordial y muy relevante tanto en Grecia como en Tartesia, aunque con menos poder en la península ibérica.

> **CADUCEO:** por su maestría en la medicina y como dios de la salud.

Y todos estos atributos estaban representados en objetos como la mano sabazia, que en los rituales se colocaba en una vara larga y se llevaba en procesión hasta el santuario, templo o lugar de culto.

También está asociado al más allá: es un dios psicopompo que ayuda a las almas en los inconvenientes del camino para llevarlas sanas y salvas al juicio final. Todos los ritos funerarios se asocian posteriormente a esta deidad, pero sobre todo a las festividades de fin de cosecha, cuando se dan las gracias a la madre tierra por medio de su compañero, en este caso el dios Sabacio, y se le pide un nuevo año con muchas cosechas sanas y lluvias para alimentarlas.

BETATVN

Esta es la deidad que primero conocí dentro del panteón ibero y, como decía anteriormente, no se sabe si los iberos la llamaban así, pero sí existen inscripciones romanas que hablan de ella. Por tanto, debemos pensar que así era como los romanos la llamaban.

Su nombre, formado por *beta* más *atvn,* nos da prueba de que podría ser el nombre en romano.

Desde mi punto de vista, creo que es una personalidad de la diosa madre relacionada con la fertilidad y la salud. Está estrechamente ligada a la fertilidad humana, animal y vegetal, por lo que se la compara con Perséfone.

Tenemos la suerte de conocer un templo donde se rendía culto a esta diosa: el que está en la entrada del *oppidum* ibero de Jaén, en Puente Tablas.

Esta diosa, representada con una figura amorfa, se situaba justo en la entrada del templo y compartía puerta con la entrada principal de la ciudad fortificada. Eso le proporcionaba un lugar estratégico y daba a entender a todo el que llegase de fuera que esa era su deidad principal y que entraban en una casa extraña, por lo que debían mostrar el máximo respeto.

Es una deidad tan curiosa que incluso existía un ritual en cada equinoccio, donde el sol naciente se manifestaba pasando por ella y cubría la figura que la representaba de arriba abajo, creando una hierofanía.

ENDOVÉLICO

Este dios tiene origen más allá del panteón celta y celtíbero. Es de la Edad del Hierro, con lo cual es un dios prehistórico, posteriormente asimilado en el mundo romano como Esculapio por sus atributos sobre la salud y su importancia, que era similar a la de Ataecina. También fue adorado por lo que ahora es Portugal, sobre todo en el norte y centro.

Como bien dice el origen de su nombre, *endo* es «divino» y *vellicus* es «oscuro», estamos ante una deidad muy misteriosa y oscura. Actualmente, podemos entenderlo como un dios masculino con una personalidad parecida a la de Hécate.

Es una deidad de carácter infernal, de las artes adivinatorias, de la noche y la oscuridad (ya sabemos que no por ello debe ser malo) y de los sueños, y que, al estar asociado con las almas, también tiene un lado relacionado con la salud.

Los animales que lo representan son el jabalí y el lobo; en cuanto a las plantas, son la palma y las ramas de laurel.

NETÓN

Dios asociado a la Bastetania, la Turdetania y la Oretania, es decir, lo que es ahora Andalucía y parte de Castilla-La Mancha.

Es un dios de la guerra, y su imagen se adorna con rayos de sol, con lo que se asemeja al dios Marte.

Es una deidad caótica y tiene elementos infernales; su dureza lo distingue de los demás dioses, y su nombre, tanto en la lengua ibera como en la celta, significa «guerrero».

Se le representa como un guerrero con casco y falcata, a veces incluso escudo. Posteriormente, se le conoció como Balor, aunque seguía teniendo las mismas cualidades. Solo el nombre cambió porque, como ya he comentado en diferentes ocasiones, era lo que mejor se adaptaba a su lenguaje.

Puro e incorruptible, era adorado no solo por el ejército y sus altos cargos, sino también por las mujeres, que le rendían culto para que sus hombres, que estaban fuera jugándose la vida, pudieran regresar sanos y salvos.

Así lo definió Macrobio en *Saturnales*: «También los accitanos, pueblo de Hispania, adoran con la máxima devoción una estatua de Marte adornada con rayos, a la que denominan Netón».

Este era el dios de Asia Menor. Más tarde, los fenicios fueron trasladando su fe con ellos, de modo que los lugares en los que se establecían también adoptaban esta deidad.

Se le asociaba con la lluvia, los truenos y la fertilidad, y cuando digo «asociaba» me refiero a que su culto fue mancillado cuando lo cristianizaron y lo convirtieron en un demonio asistente de Satanás. Actualmente, manda sobre setenta y dos legiones de demonios (un total de 456.000 seres infernales). Incluso la Biblia cristiana habla de él llamándolo falso y le atribuye malas acciones para mancillar el nombre de este dios y, por supuesto, del paganismo, sea del origen que sea, pero este es otro cantar…

Sin embargo, eso no fue siempre así: antes de todo eso, su imagen era limpia. Era como un dios marido para las fieles y tenía el papel protector de los hogares.

Para los griegos era Cronos y para los romanos era como Saturno. Al ser un dios atmosférico, su acompañante fenicia sería Tanit, ya que en conjunto se encargan del equilibrio mundial. Y, en el panteón ibero, ya sabemos que este dios es el dios padre.

NOKIKA O NOKI

No es un dios en sí, pero sí un héroe de las mismas características que Hércules o Heracles. Actualmente, se ha descubierto una estela con su nombre que evidencia que no solo fue una versión sucedánea de Hércules, sino el fundador del *oppidum* ibero de Jaén.

Tiene relevancia porque se le asocia con muchos actos honoríficos e incluso se piensa que es un héroe divinizado *a posteriori,* aunque esto no es muy extraño entre los iberos: sabemos que todo difunto acababa teniendo este papel divino después de su muerte y que incluso se le rendía culto como si de una deidad se tratara.

ATAECINA Y TANIT

Esta deidad no es más que una personalidad de la diosa madre (desde mi punto de vista), ya que se la asocia con ella y se sabe, gracias a los expertos, que esta deidad se llama así por la influencia celtíbera, quienes sí ponían nombre a sus dioses para diferenciarlos. Más tarde, los griegos la llamaron Proserpina, pero es posible que ahora la conozcas como Perséfone, hija de Deméter, que se encarga de darle vida a la naturaleza después de pasar con Hades los largos inviernos.

Tiene un culto de carácter muy lunar, cuyas ceremonias se realizan en honor a la diosa de la primavera y de la fertilidad. Sin embargo, no solamente tiene ese papel, sino que también es una deidad infernal, compañera del dios de las almas y del inframundo.

Seguro que a estas alturas estás hecho un lío. Es normal, porque, aunque te parezca que los dioses son iguales o tienen características similares, suelen llamarse de forma diferente dependiendo del área geográfica en que se les rinde culto.

Igualmente, quería dejar reflejada la variedad de nombres, dioses o características de estos para ilustrar que en Iberia se rendía culto a varias deidades con diferentes nombres que, sin embargo, no eran sino representaciones de una misma deidad. A partir de ahí, deducimos que existe una diosa madre naturaleza con una doble cara: diosa del inframundo que ayudaba a las almas a atravesar al más allá, y dios atmosférico con una personalidad aguerrida que refleja, una vez más, ese rasgo tan famoso de los iberos como pueblo guerrero.

Una de cal y una de arena, como todas las civilizaciones: cuanto más famosas son, es porque más batallas han ganado.

Ataecina era una diosa ctónica como Hécate o Artemisa, cuyo culto era lunar. Por lo tanto, la mayoría de sus ritos eran por la noche. Cada petición dependía de una fase lunar: luna menguante para trabajos relacionados con dejar atrás vicios, dolores, males; luna creciente para propósitos relacionados con la abundancia, el éxito, la buenaventura y todo lo que necesite el crecimiento.

También es una diosa de lobos, lo cual confirma que es una deidad sabia y que su culto era nocturno.

Como Artemisa, es una deidad asociada al fuego, protectora de puertas (de ahí que se la representara en los marcos) y a la cual le pedían ayuda en ritos de purificación.

Con estas palabras se refiere a ella Porfirio: «Ningún mortal, sobrepasando el umbral, se ha adentrado demasiado por aquel camino, sea indígena ya extranjero, pues por todas partes la terrible deidad conductora lo aparta infundiendo su furia a los perros».

Noctiluca o Malac

Era una diosa a la que los fenicios rendían culto y que los iberos tomaron prestada.

Tiene un carácter marino al ser la diosa del Mediterráneo, la encargada de hacer que los marineros y pescadores llegasen a casa sanos y salvo y, sobre todo, con comida.

A esta deidad siempre se le rendía culto, aunque estuvieran en tiempos de sequía. Su santuario principal estaba en lo que es ahora el Rincón de la Victoria, en Málaga, por lo que solían desplazarse hasta allí para rendirle culto.

También se la asociaba con la noche. Por ese motivo, muchos cultos y ritos hacia ella, ya fueran de agradecimiento o para pedirle algo, se celebraban de noche en pleno mar, a bordo de algún botecito o en la orilla. Se le ofrecían libaciones de vino, frutas y flores.

Otros dioses

Otros dioses (cuando utilizo la palabra «dios» es para que se me entienda, no olvides que son personalidades de un mismo dios o diosa), seres o espíritus de los que tenemos poca información por ahora son:

> **ACHELÓO:** el dios-toro, símbolo de la virilidad y la fertilidad masculina.

> **ADAEGINA:** diosa de los infiernos «superiores». Se encuentra en lo más profundo de los bosques.

> **ANXO:** deidad asociada a los vaqueros de los altos pastos; la costumbre de dejar las sobras de la cena para alimento del dios

a cambio de salud o fertilidad para el ganado puede ser el origen de la leyenda infantil del ratoncito Pérez.

> **ARCONI:** demonio de los bosques que, en forma de oso enorme, atacaba a los cazadores.

> **BAELISTO:** su nombre significa «el más brillante» o «el más blanco».

> **BARAECO:** dios protector de los poblados y de las ciudades amuralladas.

> **DIBUS Y DEABUS:** dioses gemelos y contrarios; se les invocaba en los casamientos y durante los partos.

> **DURBED:** genio lujurioso de ríos y lagos.

> **FAVONIUS:** dios de los vientos. Cuando un corcel destacaba por su velocidad, se le atribuía a este dios su paternidad.

> **FROUIDA:** ninfa de torrentes y fuentes termales.

> **GERIÓN:** héroe o semidiós, primer rey de los tartesios. Combatió con Heracles y enseñó a los hombres la ganadería.

> **LIDA:** diosa de la caza y protectora de la vida salvaje.

> **POEMANA:** diosa protectora del ganado.

> **SAUR:** dios guerrero. Enseñó al hombre el uso de los metales.

> **SITIOUIO:** protector del ganado y los senderos.

> **TAMEOBRIGO:** protector de los enfermos y acompañante de difuntos.

> **TULLONIO:** genio protector del hogar y la familia.

> **VAEL:** dios lobo, protector de bosques y montes.

> **VAGADONNAEGO:** dios infernal al que se invocaba para que se cumplieran los acuerdos y promesas.

> **YAINCOA:** dios de las montañas al que se atribuye la creación del mundo.

6

ESTADOS ALTERADOS DE LA CONCIENCIA

TRANCE Y ÉXTASIS

El éxtasis es un estado de plenitud interna, que implica una desconexión con la realidad para enfocarse en el interior. La mayoría de las veces oirás hablar de esta habilidad de estar fuera de tu cuerpo como «estado alterado de conciencia». Todas las civilizaciones usaban este método para sus rituales y para obtener conocimiento de una manera diferente a como lo hacemos hoy, pero los iberos lo usaban para que los dioses les ofrecieran revelaciones. Incluso se creía que estos estados o trances los provocaban los dioses y que elegían a su sacerdotisa para que fuera ese puente de comunicación entre ellos y el pueblo.

Lo imaginario se hace posible a partir de los estados alterados de conciencia, que crean un puente invisible entre lo que conocemos normalmente del mundo y lo que no conocemos. Nuestra concepción después de cualquier sesión de trance cambia y ya no seremos los mismos.

Es tanta la magnitud de estos ritos que, en otros tiempos, se llegó a creer que las personas que tenían esquizofrenia o epilepsia eran descendientes de chamanes o de los encargados de hacer que su pueblo tuviera la oportunidad de estar en trance.

En estas creencias, o en la gran parte de las religiones, el trance se consigue a partir de este éxtasis. Resulta de gran ayuda para comunicarse con nuestros antepasados, los dioses, algunas entidades o, incluso, con nuestra alma. Pero no solo nos ayuda en esto, sino que puede proporcionar conocimientos ancestrales sobre las plantas, el entorno, el alma y su elevación. Ese patrimonio cultural dormido, y la comunicación directa con los dioses, era lo que al pueblo ibero más le interesaba, pues en estado de vigilia no podríamos acceder a él.

Cuando empecé en este camino, me parecía algo lejano y difícil de entender, porque no se suele explicar con ejemplos clarificadores. Yo siempre pongo el mismo ejemplo, que también es el más famoso: el vuelo de la bruja. En realidad, solo significa estar en trance. El mito de que las brujas iban en escoba porque volaban literalmente con ellas no es más que una alegoría de lo que pasaba en realidad. El caso es que la bruja se frotaba con algún ungüento en sus partes íntimas, donde se absorbían las propiedades que ofrecían estos mejunjes con más facilidad, y, después de drogarse, su mente volaba hacia ese sitio en el que se reunían con sus dioses, llamados por muchos inquisidores «el diablo». No es que volasen, es que entraban en un estado alterado de conciencia en el que tenían visiones: una especie de locura o delirio que les ofrecía una visión del más allá en busca de conocimiento, respuestas o de dar a conocer una petición a los dioses.

Según Mircea Eliade, este es el orden del éxtasis: ceremonia de iniciación, tortura iniciática y muerte simbólica, en la que pasas por un proceso de descuartizamiento para renovar los órganos internos y vísceras. Luego asciendes al cielo para dialogar con los dioses o los espíritus, desciendes al infierno para conversar con los espíritus de abajo y los chamanes y obtener información de ambos mundos.

Esto me recuerda un poco a los procesos de noche oscura del alma, en los que hay un inicio, una tortura espiritual en la que todos tus pilares se tambalean y se procede a la muerte simbólica. Tu yo anterior ya no existe y deja paso a un nuevo tú más reforzado. No quiero romantizar esta práctica, ya que normalmente cuando se está en trance se pasa por momentos bastante duros que pueden provocar ataques, sueños, alucinaciones, dolores, etc., pero en los que la ayuda externa de espíritus, dioses o demonios hace que sea un viaje seguro. A veces, estos estados alterados los provocaban grandes ingestas de comida pesada, como castañas, pescado, apio, cebollas, puerros, coles, lentejas, cerdo, ternera o cabra. Al comer estos alimentos se consiguen digestiones más lentas que facilitan el trance (esto me recuerda a las grandes comilonas que hacían en los *sabbats* las brujas durante los periodos de Inquisición).

Lo que más me gusta de esta práctica quizás sea la gran variedad de maneras y estímulos que podemos usar a nuestro favor para poder acceder a ese conocimiento y a ese puente sensible que nos facilita la conexión con la naturaleza y sus espíritus, tan necesaria para uno mismo.

PRÁCTICAS

Vamos a ser sinceros: no todos tenemos la posibilidad de entrar en este estado de trance de la misma manera y, precisamente por eso, no me quiero quedar en solo un método ni mucho menos voy a incentivar el uso de estupefacientes. Cada uno debe elegir lo que más le convenga. En un punto aparte hablaré de las plantas de poder, para que sepas qué les proporcionaban a los iberos históricamente para crear su magia. Vamos a centrarnos en los demás puntos.

RELAJACIÓN Y MEDITACIÓN

Creo que es la más obvia, pero también la más importante, no solo para los estados alterados de la conciencia, sino para todas las prácticas. Sin un estado de meditación hay muchas cosas que no se pueden hacer. Que quede muy claro que no es pensar en nada: la nada es la nada y nunca seremos capaces de traer eso a nuestra mente por más de unos segundos y, si se consigue, sería en mentes muy entrenadas.

La meditación es el estado en que la mente está consciente y se eliminan flujos de pensamiento que no aportan nada para centrarse en el ahora y en el propio ser o mente sin el estrés o las cargas diarias. Si no estás pendiente de tu ser, rara vez podrás entrar en un estado meditativo, a no ser que pasemos directamente al trance. Y sí, aunque te parezca difícil de creer, se puede entrar sin querer.

Son esos momentos en que estamos embobados, sin pensar en nada, con la vista ida, como si el cerebro se nos hubiera apagado por unos segundos. Y es un poco así, pero este trance inconsciente no te ayuda a entrar en el estado necesario para estar receptivo a cualquier mensaje que te puedan ofrecer. En estos estados meditativos entramos en un estado Theta, en el que nuestra intuición y nuestros dones psíquicos se desarrollan y están abiertos a cualquier estímulo para poder recoger esta información. Es evidente que este era el estado en que los iberos recibían los mensajes de los dioses y alteraban la realidad a favor del ritual o incluso para sanar heridas psicológicas.

Los procesos meditativos son, sin lugar a duda, los más fructíferos y los que provocan más dudas en las personas cuando se plantean entrar en este mundo.

Personalmente, creo que es de los más sencillos, pero sí es cierto que ni sale a la primera ni es algo que se deba practicar una sola vez. Este método requiere práctica y adaptación y, conforme vayamos teniendo experiencia, desarrollaremos truquitos personales que nos ayudarán a entrar en trance de la manera más sencilla o rápida.

Para explicártelo rápido, la meditación es como la textura de la ropa: no solemos notarla en nuestro día a día. Así, la meditación es ese enfoque que te ayuda a ser consciente de todos los estímulos externos que te rodean o incluso los internos, para así ser más sensible a la comunicación y a las señales invisibles, en muchos casos muy débiles, que debes escuchar y entender. Al final, con la paciencia y la práctica, te conviertes en una persona más sensorial.

Uno de los métodos que yo uso es, en primer lugar, relajarme en una posición lo más cómoda posible. Personalmente, prefiero sentarme, ya que si te tumbas es posible que te acabes durmiendo y no sería del todo la finalidad, aunque sí se necesite un estado de ensoñación.

A continuación, debemos centrarnos en la respiración o incluso a veces en el sonido de las agujas de un reloj. Y aquí, como decía antes, para gustos los colores: si el sonido de las manecillas del reloj te irrita, puedes usar el sonido de un goteo, sonidos repetitivos como la lluvia o cualquier otro que sea una repetición y te dé paz.

Una vez que hayas entrado en estado meditativo, debes visualizar un escenario. No quiero marcarte cuál, prefiero que te dejes llevar y que veas mentalmente el que tu alma desea, de forma intuitiva y sin cuestionarlo mucho. Cada cual tiene sus propios gustos y necesidades, pero, una vez que estés en este escenario, debes organizar mentalmente esa petición a los dioses o esa necesidad de saber y dejar que todo fluya.

Por ejemplo, si queremos comunicarnos con algún dios o diosa ibero, debemos pensar en cómo y qué le vamos a decir para organizarlo y vibrarlo *a posteriori* (debes pensar que aquí es muy importante el tema de la vibración, ya que será el cincuenta por ciento de la invocación a la deidad).

Vamos a ofrecerle nuestra gratitud porque, por ejemplo, nos concedió un año fructífero en relaciones sociales, nos ayudó con nuestras metas y nos impulsó fuera de la zona de confort. Así pues, vamos a darle las gracias en este estado y vamos a hablarle de cómo nos ha ido el año.

Lo mismo para peticiones o para obtener el conocimiento de algo en específico, pero aquí cambia algo.

Debemos preguntarnos cosas: ¿qué elemento es el beleño? ¿Con qué nos puede ayudar su energía? ¿La runa de la prosperidad nos puede ayudar en algún otro ámbito de nuestra vida? ¿Qué camino debo elegir si quiero conseguir la abundancia?

Conforme vayas practicando, todas estas preguntas quedarán resueltas sin más, a la primera, y sabrás distinguirlas porque se responden fácilmente. Siempre digo que el primer pensamiento es la intuición o el llamamiento, y el segundo, el ego y los miedos.

Recuerda que esta información son solo datos que te van a funcionar a ti y, como todo en el camino de la espiritualidad, nada es una verdad absoluta. Por tanto, sería un error hacer creer a todos que esta verdad tuya, personal, es la verdad de todos.

PLANTAS DE PODER

Aquí no vas a encontrar plantas con nombres raros o desconocidos, pero su efectividad traspasa miles de años y, tras ellas, se ocultan grandes mitos. Las más comunes que actualmente conocemos son la adormidera (más comúnmente llamada «amapola», de donde sacaban el opio) y la mandrágora.

Papaver somniferum

La adormidera es una planta muy conocida incluso en la prehistoria. De ella se extraía el jugo o látex que contiene la cápsula central de color blanquecino. Representaba la muerte y la resurrección, ya que esta flor nacía en las cosechas de trigo y cereales. Estaba muy asociada con la diosa de la curación y, evidentemente, del éxtasis. Incluso hace referencia a la inmortalidad, ya que es una flor que cada año nace y muere. Todos conocemos la fragilidad de esta flor si se corta o arranca del suelo: sus hermosos pétalos se van desprendiendo en cuestión de segundos.

Dependiendo de la cantidad que se use en las preparaciones, sus propiedades pueden ser sedantes, anestésicas o narcóticas. Diodoro la describía como la droga que proporcionaba el olvido de todos los males y que curaba el miedo y la tristeza.

No solo es una planta que ayudaba en el contacto directo con los dioses a través del trance, sino que favorecía la conexión con uno mismo.

Hay una infinidad de diosas asociadas a la adormidera, por lo general, diosas de carácter misterioso y con una connotación oscura, mayormente deidades asociadas a la muerte o el ciclo. No debemos olvidar que, en la Antigüedad, la muerte no estaba mal vista ni se tenía esa imagen tan negativa que tenemos en la actualidad: se consideraba parte del ciclo, de la evolución y del renacer.

Y aquí me gusta nombrar siempre a las damas. Ya las veremos más adelante, pero estas damas (o la gran mayoría) llevan representadas las adormideras en las esculturas que conocemos hoy en día. La Dama de Elche, por ejemplo, la lleva colgando de las orejas, y la Dama de Alcudia, en la mano, dando a entender que eran ellas las que proporcionaban estas plantas medicinales y psicotrópicas para curar alguna dolencia, aunque esta fuera del corazón, y para ayudar a entrar en trance.

Cáñamo

Otra de las plantas que se solían consumir para la misma finalidad era el cáñamo. No he encontrado aún indicio alguno de que la consumieran como droga en sí, ya que carece de THC (componente psicoactivo), sino que solían hacer fogatas grandes dentro de algunos lugares sagrados o incluso a veces a campo abierto para aspirar el humo. Junto con la danza y la música, les servía para agudizar todos los sentidos y entrar en éxtasis y trance.

Años más tarde, este ritual de humo se refleja en algunos mitos con la finalidad de contactar con los dioses o prepararse para recibir las respuestas deseadas. Seguro que conoces a las pitonisas de Apolo en el templo de Delfos.

Las pitonisas se preparaban masticando en primer lugar hojas de laurel y, luego, bebiendo agua de la fuente de Kassotide. Más tarde se aislaban en una habitación y se sentaban encima de un trípode sobre una raja de la que salía un humo «extraño». A través de este proceso, entraban en trance para que su dios Apolo les facilitara la información necesaria, pedida por un miembro del pueblo.

En México, por ejemplo, se sigue usando el copal místico «incienso de la tierra», usado ancestralmente en rituales sagrados. Al quemarse este incienso, emana una fragancia dulce y densa y produce un humo blanco, considerado como divino y al que llaman «dioses blancos». Este humo sirve como medio de comunicación entre el hombre y los dioses.

DANZA MÁGICA

En el mundo ibero no existía rito o ritual que se hiciera sin una danza previa o posterior. Esto ya lo dejó registrado Estrabón en el libro III de *Geografía*, donde explicaba con detalle que saltaban y danzaban al compás de la música monorrítmica mientras entonaban cantos propios alrededor de una hoguera.

Esta danza es la que uso casi a diario y a la vez la que menos se espera que se recomiende, quizás porque es la que se ve más en el día a día y no parece tener ningún fin mágico. Pero la realidad es otra.

Histórica y mundialmente, la danza es de las prácticas más realizadas en el mundo de la brujería, y existen miles de ejemplos. Es probable que, mientras lees estas líneas, imagines tribus africanas bailando en círculo o dando saltos con trajes rituales.

El lado del cerebro que debemos activar es el creativo, el cerebro mamífero, donde tenemos las emociones, la creatividad y todo lo que tiene que ver con una percepción elevada. Es, precisamente, la danza, el canto y todo lo relacionado con la música, como, por ejemplo, tambores y flautas, lo que activa este lado del cerebro y te ayuda a alcanzar un estado alterado de la conciencia, en el que los estímulos externos pasan a un segundo plano.

Aquí siempre pongo el ejemplo de la ropa: la ropa tiene un tacto sobre nuestro cuerpo, pero no somos conscientes de esto hasta que alguien hace que nos fijemos en ello. Con la danza pasa más o menos igual. Hoy en día, son muy conocidos los tambores chamánicos, cuya melodía repetitiva nos ayuda a acceder al estado alterado de conciencia o trance.

Según el antropólogo Michael James Winkelman, tenemos tres cerebros: el reptil, que se encarga de todo lo primario; el cerebro prehistórico, encargado de proveer, alimentarse, del sueño y de los ciclos, y el cerebro mamífero, que, como decía antes, se ocupa de las emociones, del lado psíquico que tenemos todos. Por último, está el neocórtex, que es el lado más racional del cerebro y se desarrolla más tarde.

Así que, dependiendo de la práctica, podemos usar diferentes partes del cerebro para realizarla con éxito, pero es necesario saber que debemos someter a nuestro cuerpo a un nivel de estrés elevado, y, en consecuencia, el cansancio e incluso el dolor forman parte, en algunas culturas, de la introducción a la experiencia de la conciencia elevada. De ese modo, podemos desvincular la conciencia del cuerpo y proyectarla en otro lugar que en muchas ocasiones no conocemos.

Aquí te planteo una curiosidad, para que reflexiones y puedas llegar a tus propias conclusiones: ¿la conciencia normal es una ilusión y lo que percibes en el trance es la realidad?

Voy a pecar de *new age*, pero siempre he pensado que el respeto dentro de una creencia es la clave, y la verdad es que aquí puedes utilizar la música que más te guste o te haga fluir. En mi caso en particular suelo poner música chamánica o recreaciones que encuentro en internet de lo que supuestamente hacían los iberos, pero, incluso si tu cultura es diferente a la mía, puedes usar tu música regional o folclórica. Lo importante es que mantenga esa repetición de sonidos que hace el trance más accesible.

Como estamos hablando de los habitantes de un pueblo anterior al Imperio romano en la península ibérica y yo soy una bruja tradicional, me voy guiar lo máximo posible por lo que sabemos de ellos, aunque a veces sea difícil. Si buscas, en cada país encontrarás fiestas de origen pagano, incluso con pasos cíclicos o de torbellino alrededor de una fogata o un palo erguido. Por lo general, van asociados al trance, y su finalidad es favorecer el resultado del ritual: esos pasos marcaban la ceremonia y creaban un ambiente propicio para el acontecimiento. Lógicamente, estaba todo preparado, pues nunca hacían un ritual sin una organización previa.

Aquí lo interesante es caer exhaustos con la danza, es decir, que, a partir de los movimientos repetitivos, el cansancio y, en algunos casos, el dolor leve que podemos sentir al usar músculos que normalmente no ejercitamos, caigamos literalmente rendidos en el estado de trance. Cuando esto ocurra, lo que debemos hacer es ponernos en una posición cómoda, provocar un estado de trance meditativo y ver qué pasa.

Recuerda que esto no se consigue de la noche a la mañana y que la práctica hace al maestro.

Así que ¡baila! Baila hasta que te canses y no esperes que tus movimientos sean acompasados ni estéticamente bonitos. No buscamos aparearnos ni necesitamos grandes galas. Solo el baile, la música, el rito y la búsqueda de la divinidad interna.

POSESIONES

En este punto voy a hablar sobre algo que existe desde tiempos inmemoriales: las posesiones, que también son, en la mayor parte de las ocasiones, un trance. En este caso, sin embargo, me gustaría visibilizar algo que no suele ser normativo en este mundo, y es que el dolor, la represión y el abuso también te hacen crear o incluso vivir el estado de trance en tu vida.

Hay experiencias, en casos de violencia doméstica, en las que la víctima vive, por así decirlo, una vida «alternativa», regida por un estado alterado de la conciencia. También existen casos de niños que, al hallarse en esa situación, crean una realidad alternativa en la que todo es maravilloso. De mayores, incluso pueden llegar a mentir sobre sus trabajos, su vida, sus relaciones o su manera de ser o procesar su día a día.

¿Por qué cuento esto? Es necesario entender que esto es un método de disociación, que también se usaba en el mundo ibero como una manipulación social: se utilizaba una petición del dios, que muchas veces era real, pero otras muchas servía como excusa para sugestionar la mente y poseer la voluntad del consultante o de la persona que le pedía ayuda a la sacerdotisa.

Esto tiene mucho que ver con el ego humano, pero, antes de que pienses que el ego es malo, déjame decirte que no es tan malo como se piensa, sino que puede ser una herramienta muy útil. Actualmente, te salva de muchos peligros reales y de mil cosas más, pero eso es otro cantar.

Estos métodos, muchas veces no deseados ni buscados para llegar al estado alterado de la conciencia, son los que usan las médiums en sus reuniones o sesiones. Son capaces incluso de comunicarse no solo con el entorno, sino también con los espíritus familiares para recopilar la información que el ser querido quiere conocer.

SUEÑOS

La parte del trance a partir de los sueños es, desde tiempos inmemoriales, la que más resultados da o al menos la que más usan las chamanas-sacerdotisas: te conectan con el entorno y con tu subconsciente para obtener datos, ya sean deseados o necesarios para cierto ritual o, simplemente, para comprender el entorno y nuestro conocimiento ancestral.

Pero esta no es la única peculiaridad del sueño. De él también se puede obtener la capacidad de manipular nuestro futuro y registrar en el sueño cómo sería esa realidad.

El sueño no es aquí y no es ahora, por lo que debemos observar su simbolismo para recopilar la mayor información posible. De ese modo podremos darnos cuenta, mediante su mensaje encriptado, de lo que estamos buscando y de lo que nuestro subconsciente intenta comunicarnos.

Siempre insisto en que no hay que recurrir a un manual de sueños. Aun así, reconozco que, cuando era adolescente y me sumergía en el mundo onírico, solía acudir a un diccionario de sueños que mi madre tenía por casa. Con el paso de los años, sin embargo, me di cuenta de que, al ser una forma de comunicación entre el subconsciente y el consciente, sin duda el lenguaje utilizado debía de resultar mínimamente comprensible. El ejemplo que siempre pongo es el siguiente.

Para mí, el color negro es sinónimo de elegancia y de seriedad, mientras que para otras personas puede significar muerte o luto. En la psicología del color puede significar ambas cosas, pero solo tú sabes a qué se referirá ese color si es el dominante en tus sueños. Lo mismo ocurre con las serpientes: para muchos, este animal es sinónimo de sabiduría y salud y, para otros, una advertencia de peligro o incluso un llamamiento de la diosa Hécate.

Así pues, y como ocurre con los demás métodos, el sueño nos presenta una realidad, y nosotros somos meros espectadores para obtener la información deseada. Este método en concreto se desarrolla como los viajes astrales.

Las distintas etapas son:

> relajación

> estado meditativo

> visualización

> desdoblamiento

> conexión con el cuerpo

Por último, debemos entender que, como humanos, tenemos unas necesidades, muchas veces impuestas, pero que también están las necesidades del alma, que son más primarias y antiguas. Nuestro espíritu busca respuestas muchas veces donde no las vemos, en el mundo inmaterial, y de ese modo nos damos cuenta de que somos capaces de proyectar la conciencia hacia ese futuro imaginario en el que, dependiendo de la fuerza con la que se proyecte y las acciones *a posteriori*, nuestra propia realidad se dará o se creará más rápidamente.

Ejercicio: entrando en el trance

Este método no solo pertenece a la brujería tradicional ibera, sino que se remonta a muchos siglos atrás. Necesitamos un cuenco, a poder ser de barro o de cerámica. No puede ser de cristal, para que no reboten las imágenes de fuera en él. También necesitamos agua. Solo dos elementos que nos ayudarán a entrar en trance y a poder leer después todo lo que deseemos. Por decirlo de otra manera, es como usar una bola de cristal, pero con un cuenco hondo. Actualmente, en el territorio andaluz se usa una gazpachera. Siempre me ha hecho gracia: por la mañana se hace gazpacho para la familia y por la noche se utiliza como elemento para ver el futuro o entrar en trance, lo que prefieras.

Es necesario crear un ambiente de calma. Si quieres, pon música relajante, velas e incienso para conseguir el ambiente adecuado. Después, siéntate enfrente del recipiente con agua (yo prefiero sentarme en el suelo con las piernas cruzadas, rodeada de velas, y poner el recipiente delante de mí).

Cuando estés a gusto y en calma, debes formular la petición de entrar en un estado de trance satisfactorio.

Luego, quédate mirando el recipiente con agua e intenta que tu mirada vaya más allá, como cuando te quedas mirando a alguien que te está hablando, pero en realidad tienes la mirada perdida. O, por decirlo de otra manera, como cuando la visión se te nubla y no ves nada enfocado.

Intenta permanecer todo el rato que puedas en este estado meditativo. Respira despacio, pero de manera fluida, e intenta bajar las pulsaciones del corazón. Recuerda que, si el primer día solo puedes permanecer así unos minutos, no pasa nada, es normal. Conforme vayan pasando los días podrás estar más tiempo y obtendrás más información, o incluso te comunicarás mejor con tus ancestros o tus dioses.

Lo más importante es el siguiente paso, aunque también es el más difícil. Intenta no poner nombre a todo lo que percibas o veas en el cuenco con agua, o incluso sensorialmente fuera de este. Por ejemplo, no digas: «¡Uy, mira! La imagen de una puerta» o «Veo una amapola». Hacerlo interrumpiría el momento de trance y tu neocórtex dominaría la situación, cuando en este momento deben mandar las otras partes del cerebro que he mencionado antes.

Cuando creas que has terminado, usa una libreta (tu grimorio, libreta de predicciones o libro de sombras) para apuntar todas las sensaciones, olores, visiones o percepciones que hayas tenido durante la actividad. No te quedes solo con una predicción. Repite la experiencia y, cuando lleves varios días con la misma pregunta, podrás obtener una respuesta basándote en todo lo que hayas escrito. Un método sencillo para conocer una respuesta concisa es preguntar la duda que tengas y, a continuación, arrojar tres guijarros al recipiente grande de agua y observar las ondas que se forman. Si el número de ondas es par, la respuesta es «Sí»; en el caso de que sea impar, la respuesta es «No».

Chamanes

Los chamanes eran los encargados de la comunicación entre dioses y personas, y de entender el mundo espiritual en todo su esplendor. Muchas personas recurrían a ellos porque podían invocar a los espíritus sabios (ya fueran ancestros o espíritus naturales) y sabían utilizar las plantas para curar dolencias físicas o desequilibrios espirituales. En el mundo ibero existían, evidentemente, como en la mayoría de las civilizaciones antiguas. La sacerdotisa cumplía la función de chamán del poblado (cada *oppidum* tenía sus propios mitos, espíritus y rituales para sanar las distintas dolencias, que podían ser mentales, físicas o espirituales), pero también celebraba las ceremonias en las que el trance y el éxtasis eran los protagonistas.

¿Cómo conseguía el chamán esa sabiduría? Sobre todo con años de práctica, como en todas las profesiones espirituales (o fuera del mundo espiritual), pero también haciendo bastantes sacrificios y sabiendo aprovechar cada momento de trance para adentrarse en el mundo de los espíritus. Así, podían empaparse de la sabiduría de los ancestros. A mí, en particular, lo que más me gusta de su rol es la manera que tenían de restaurar la armonía entre el hombre, el mundo espiritual y el mundo físico. Es decir, que actuaban por y para su comunidad, ayudando y acompañando al hombre, pero también reviviendo el mundo invisible que nos rodea, que en ocasiones es incluso más importante que el mundo visible. Estos chamanes pintaban en sus espacios sagrados y mágicos formas relacionadas con los animales o el ser humano, pero también signos repetitivos, que era la manera en que solían plasmar las visiones de sus trances. Era una manifestación abstracta formada por un conjunto de figuras, que quizás sirviera para expresar lo que no podía transmitirse con palabras.

Ritual ojo apotropaico

Tenía carácter proyector y consistía en usar el arte mágico para pintar ojos en huevos de codorniz. Era uno de los rituales que se practicaban con la ayuda de la chamana-sacerdotisa ibera. El ritual abarcaba desde la búsqueda del huevo hasta el dibujo del ojo. La chamana pedía a la persona que se sometía al ritual que fuera a buscar un huevo de codorniz (animal muy común en la península ibérica), y luego, con las cenizas de varias hierbas como el cáñamo y el olivo (que es de carácter protector) y la clara de un huevo, se hacía una especie de mejunje, que se usaba para pintar un ojo grande.

Si este huevo conseguía estar sin romperse varios días, era una buena señal. Si, por el contrario, tenía algún accidente, simbolizaba que quizás esa familia o esa persona no estaba tan a salvo de los males energéticos como se creía.

El huevo de codorniz simboliza el fruto, el interior de la codorniz, sus entrañas. Que se usaran exclusivamente huevos de codorniz también tiene un significado, pues eran animales muy valorados, ya que en la civilización ibera se consideraban mensajeras de la deidad femenina.

Represcntan el vínculo entre lo cósmico y lo terrenal, entre lo divino y lo mortal y, precisamente, son de los animales más chamánicos que podrían existir en la península ibérica. Además de en los rituales de protección, también se usaban para rituales amorosos en los que la seducción desempeñaba un papel importante.

Teniendo en cuenta todo esto, que el huevo se estropeara o se rompiera no solo podía significar maldiciones, sino también una falta de comunicación o compromiso con la deidad, si esta no se sentía mimada por su devoto o devota. En esos casos, el consultante debía repetir el ritual con su chamana y reforzar el vínculo con la diosa.

7
EL ROL DE LA MUJER IBERA

Tengo que reconocer que este tema es el que más me gusta de todo el libro. A pesar de que, en parte, es mi opinión (que comparto con muchos historiadores, arqueólogos e incluso antropólogos), sé que es un punto de inflexión en la cultura ibera, que puede hacernos entender este mundo mágico tan suyo y, además, su contexto social.

De entrada, la mujer ibera era una mujer de gran carácter y resistencia considerable. Ya lo dijo Estrabón en su *Geografía,* II: «Entre los cántabros, las mujeres cultivan la tierra; apenas han dado a luz, ceden el lecho a sus maridos y los cuidan; [...] es el hombre quien dota a la mujer, y son las mujeres quienes heredan y se preocupan de casar a sus hermanos; esto constituye una especie de ginecocracia, régimen que no es ciertamente civilizado».

Podemos entender que eran así por la presión social que sentían al tener que ser dueñas y mandatarias de todo. Por el texto, deducimos que el hombre pasaba a un segundo plano, y es que había una especie de costumbre (que en el capítulo de ritos he preferido no exponer por falta de datos ritualistas) según la cual, cuando la mujer ibera paría, el hombre experimentaba esos mismos dolores, y gritaba y lloraba de tal manera que la comadrona y sacerdotisa atendía antes al hombre por su «debilidad» que a la propia mujer y al niño que estaba por venir. Justificándolo un poco, se puede entender como una especie de acto de magia simpática en el que, con sus gritos, el hombre aliviaba parte del dolor a su mujer, como si fuera él quien estaba pariendo.

La ibera era una sociedad matriarcal donde las haya: ellas participaban absolutamente en todo, incluso en la guerra, en las labores de caza y en todos los roles que tradicionalmente se consideran masculinos. Creo que esto apela directamente a la actualidad, pues, si pudimos antes, ahora también, solo que no se cree en nosotras. Pero esto es un tema aparte. Como decía, no es solo que fueran aguerridas, fuertes y duras, sino que ostentaban cargos importantes en la sociedad y la aristocracia. De ahí que fuera una civilización muy diferente a otras, en la que la mujer y el hombre estaban en igualdad de condiciones. En ningún caso se buscaba que la mujer ocupara un segundo plano, como en la sociedad egipcia o la romana, donde la compañera siempre estaba detrás del faraón o del emperador. Otro ejemplo: cuando las mujeres griegas y romanas se quedaban embarazadas, estaban obligadas a aislarse en un ala diferente del hogar, y no se contaba con ellas a partir de ese momento y hasta después del parto. Solo valían para cuidar al futuro monarca.

Las madres iberas cantaban los logros de sus antepasados a sus hijos cuando estos se iban a la guerra, a modo de incentivo y compromiso con sus roles y su cometido. Se han encontrado evidencias gráficas en miles de sitios de mujeres que tocaban la flauta doble y oficiaban rituales de varios tipos. Sabemos que la música propiciaba una especie de apertura hacia el plano mágico, el plano invisible, al que solo se puede acceder a partir de un estado de concentración o trance previo. La música, junto con las plantas que he mencionado anteriormente, servía de ayuda.

Así que primero entendamos los distintos roles de la mujer en esta sociedad y, luego, reflexionemos.

DAMAS

Las damas iberas formaban parte de la alta sociedad. Eran, por lo general, la esposa e hijas del príncipe o fundador, heredero del *oppidum*, y normalmente iban enjoyadas, bien vestidas y peinadas, con bastantes adornos en el pelo. Hay que puntualizar que, en los rituales, iban aún más adornadas que de costumbre.

Las representaciones escultóricas tienen muchísimo simbolismo. Las adormideras, los pichones, las alas y otros adornos nos hacen pensar que las damas (Dama de Elche o Dama de Baza, por ejemplo, e incluso la Dama de Alcudia) no eran simplemente mujeres con un elevado estatus social, sino que ser dama representaba poder, autoridad, cercanía y protección terrenal, pero también edad y sabiduría.

SACERDOTISAS

Eran las responsables de hacer que el ritual saliera correctamente, de prepararlo todo antes y de oficiar los ritos en cada momento. Ejercían, por así decirlo, de psicólogas del pueblo: a ellas acudían las mujeres cuando tenían un problema en su hogar o algún asunto complicado con la pareja. Oficiaban los rituales y las aconsejaban para que estuvieran tranquilas.

Hablo en femenino porque eran las mujeres del pueblo las que normalmente acudían a ellas con sus problemas. Como hemos visto anteriormente, ellas eran las que cuidaban a los enfermos y las que se preocupaban por si su amado no llegaba a casa después del día para proveerlas y se quedaban desamparadas.

Las sacerdotisas solían tener alrededor de treinta años, en el mejor de los casos, treinta y cinco. Dado que la esperanza de vida en aquella época era baja, a esa edad ya eran maduras.

Las sacerdotisas, consideradas descendientes de la diosa madre, eran también el contacto más directo con ella. No debemos olvidar que el cargo de sacerdotisa era el más importante de su entorno y territorio. Asistía a todas y cada una de las ceremonias que se celebraban o que formaban parte del contexto social de los iberos.

Se creía que estas mujeres, flautistas, danzaban para dar buena suerte en los cultos y ritos o en los viajes para guerrear. También cantaban los momentos célebres de otros príncipes o guerreros en combate para que los jóvenes quisieran emular a sus antepasados. Recopilaban toda la información, la guardaban y, con sus danzas, cantos y música, mantenían vivas en la memoria de los demás habitantes del pueblo las hazañas de sus ancestros. El papel de la sacerdotisa era tan importante que el monarca o el mandatario de la ciudad confiaba en ella y le consultaba cada uno de sus movimientos.

DIOSAS

Hemos hablado ya de la divinidad, así que aquí poco puedo añadir, pero sí quiero hacer hincapié en un tema. La diosa era la madre de todo, la que daba la vida y la que llevaba a los devotos a su espacio a salvo en el más allá, si se lo merecían, pero también se ofendía cuando se trataban mal sus dominios, no se agradecían las cosechas o consideraba que no se le mostraba el debido respeto. Era la protagonista de muchos rituales, y los iberos, que no tenían influencias externas, no solían darle un nombre exclusivo. Simplemente la llamaban «diosa madre» o «madre tierra». Después de haber estudiado el tema durante muchos años, me gustaría aportar mi opinión también.

Las damas iberas de Alcudia, Elche y Baza son esculturas hechas a imagen y semejanza de la mujer de la aristocracia ibera a la que se quería inmortalizar. Pero, si nos fijamos, nos daremos cuenta de que tienen un simbolismo más propio de una deidad. No me refiero a que cada una de esas esculturas sea una diosa o la representación de ella (aunque para muchos sí lo es), pues esto carecería de base, pero sí que hay ciertos detalles que debemos tener en cuenta. Algunas de las esculturas tienen un hueco que, tras pruebas e investigaciones, se ha sabido que contenía cenizas. En el caso de la Dama de Baza, esas cenizas pertenecían a una mujer de unos veinticinco o treinta años, más o menos el mismo caso que el de la Dama de Elche.

Entonces, me pregunto lo siguiente: ¿tan relevante era esa mujer como para dejarla en una urna hecha a su imagen? ¡Con lo difícil que era cargar con una piedra de ese tamaño y esculpirla! Sabemos que el rito funerario incluía la incineración, pero no todos los iberos tenían esa urna en forma de escultura, con joyas exageradamente grandes y pintada de colores (si nos fijamos en la Dama de Baza, por ejemplo, su manto es totalmente azul con detalles rojos, y ¿quién usaba los tonos azules? Las vírgenes). Según relatan los arqueólogos, cuando encontraron a la Dama de Baza en la necrópolis del antiguo pueblo bastetano, las ancianas del pueblo, tras enterarse por el boca oreja, fueron a verla y la empezaron a llamar la Virgen prehistórica.

La intuición a veces nos hace poner nombres a partir del simbolismo que vemos, pues es muy similar al de otras vírgenes que conocemos: manto azul, sentada en un trono alado (en otras piezas iberas hace referencia a la diosa posteriormente llamada Tanit), alas que te transportan a otros mundos, al más allá y al mundo de los dioses. El tocado meticuloso, que seguramente no se hacía ella misma, por lo menos sola, y los cinco o seis collares de oro que llevaba al cuello.

Qué curioso que estos collares no se hallaran en la propia tumba. ¿Quizás no existieron? ¿Solo se trataba de una representación de su poder y riqueza? ¿O sí existen, pero no en este plano, sino en el de los dioses?

Otra de las cosas que me llaman la atención es el pichón que sostiene en la mano. Ya hemos visto que este es un símbolo de divinidad, más concretamente, un psicopompo que guiaba el alma al más allá. Su ajuar, los vasos y cuencos de carácter ritual, la gran cantidad de armas, como, por ejemplo, falcatas… Este es un dato curioso, ya que solo los guerreros tenían armas en sus ajuares. La persona que estaba dentro de la urna, pues, tenía una protección extra. Da la sensación de que la escultura tiene una forma perfecta para ser usada en procesiones, ya sea en rituales o en eventos mágicos relacionados con las festividades agrarias.

La Dama de Elche tampoco se queda atrás en cuanto al misterio. Visualmente, su simbolismo también es extraño. Luce los mismos collares que la Dama de Baza, pero el dato más curioso de ella no son las orejeras que lleva, sino lo que le cuelga de las orejas. Muchos estudiosos han llegado a la conclusión de que son adormideras a modo de pendientes, y, ¡sorpresa!, las únicas que trabajaban esta planta con diferentes finalidades eran las sacerdotisas. La dama entronizada de Alcudia (otra dama sedente) también lleva esa planta en la mano. Esta dama está incompleta y, misteriosamente, se ha conservado parte del brazo que porta la adormidera. Si descubriésemos la dama entera, podríamos averiguar muchas más cosas sobre estas mujeres.

Ya conocemos los poderes de la adormidera y su importancia en la magia y la ritualidad de los iberos. Por este motivo, considero que las damas no deberían llamarse damas, sino diosas ibéricas o, por lo menos, sacerdotisas.

Aunque el papel social de estas damas debía de ser muy importante, su simbología nos da a entender que se trataba de mujeres divinizadas, importantes, que practicaban la magia. Estoy convencida de que esas damas era sacerdotisas o, por lo menos, una representación de la diosa en cuyo interior se conservan las cenizas de la sacerdotisa. Y no solo porque la propia escultura sea la prueba de que proporcionaban la droga, sino porque en los rituales era necesaria esta planta o cualquier otra que tuviera los mismos beneficios. Se usaban para calmar el dolor y para olvidar; para los estados de tristeza y para participar en el misticismo, incluso para viajar serenamente al más allá o para subir la adrenalina en tiempos de guerra. Los psicotrópicos no solo desinhibían, sino que tranquilizaban en el momento de la muerte —cuando se era consciente de que estaba a punto de llegar— e incluso calmaban el dolor de las heridas.

Cuando se descubrió la primera dama (la de Elche) y la desenterraron, inmediatamente se la llevaron a Francia, como ya sabes. Hoy en día, aquí se valora poco lo nuestro: si no sabemos más es por culpa del expolio y la venta ilegal de restos arqueológicos iberos. Pero no nos desviemos de la cuestión: cuando llegó a Francia, la llamaron «Dama». Es decir, que, si ahora conocemos estas esculturas como damas, es por los franceses, y esto también es un punto para reflexionar. No olvidemos que los franceses llaman Notre Dame («nuestra dama», «nuestra señora») a su catedral más importante, en referencia a la Virgen María, en cuyo honor se construyó. Entonces, si al ver a todas las damas tu intuición te dice que se trata de Vírgenes, si los propios franceses se maravillaron al ver la Dama de Elche y la conservaron como un tesoro en el Museo del Louvre pensando que era una Virgen, ¿qué nos impide pensar actualmente que sea la imagen de una diosa ibera, posiblemente (y teniendo en cuenta toda su simbología), la diosa madre?

DAMA DE GALERA

Luego está el caso de la Dama de Galera, un pueblo de Granada. Tanto Galera como Orce son, por varios factores, localidades muy importantes en el mundo de la arqueología, pero en Galera se encontró una estatuilla con forma de diosa (supuestamente es Astarté) cuya peculiaridad es el hueco que tiene en la cabeza. Por dicho hueco se vertía líquido (agua, perfume o alguna bebida alucinógena) que después salía por los pechos de la diosa y quedaba estancado en el recipiente que la figura tiene entre las manos. Era ideal para libaciones, pues el líquido entraba neutro y salía sacralizado. Lo curioso es que se usó durante dos siglos y pasó por varias generaciones, lo cual nos demuestra la importancia que llegó a tener en su época. Se descubrió en una necrópolis, dentro de una tumba en la cual estaba posicionada de tal manera que recibía los rayos del sol invicto en el solsticio de primavera. Entonces, si era tan importante, si el líquido que se vertía en ella terminaba siendo sacro, si se utilizaba en multitud de rituales, ¿por qué la llamamos «dama» y no «diosa»? He leído en alguna parte que era difícil entenderla como diosa porque aún no había salido a la luz ninguna escultura de un dios. A mi parecer, este argumento carece de sentido.

Así que, para mí, ¿qué son las llamadas «damas iberas»? Desde mi punto de vista, son sacerdotisas divinizadas, diosas que en su interior conservan el cuerpo de su sacerdotisa o el conjunto de los restos de varias sacerdotisas.

Nadie va a decir esto, nadie va a decir que los iberos tenían sus deidades o que sus runas poseían poderes mágicos. Por mucho que se argumente cada cosa con fuentes, este mundo está manchado por algo que todavía no llego a comprender y, como he dicho anteriormente, la escasez de inversión económica a la que deben hacer frente los equipos de arqueólogos y antropólogos no ayuda. La falta de ambición por conocer lo nuestro antes que lo de fuera hace que no consideremos importantes a nuestros ancestros y, mucho menos, el papel de la mujer en aquellos tiempos. Tenemos que conformarnos con la investigación de personas profesionales que sienten un amor profundo por la cultura ibera.

Respecto a la religiosidad o la importancia de la dama, ya la hemos visto: sus joyas protegen del mal y los malos espíritus, ya que era mensajera leal de la diosa entre dos mundos, el de los muertos y el de los vivos, y debía estar protegida.

8

LA MUERTE Y EL MÁS ALLÁ IBERO

La muerte es tabú. Aún recuerdo mi época de estudiante: tenía un amigo que amaba el tema de la muerte y lo trascendental. Disfrutaba hablando conmigo sobre esas cuestiones, pues le era difícil poder hacerlo con las demás personas. Eso me hizo reflexionar y darme cuenta de que así es: la muerte causa dolor, y ese dolor provoca en nosotros un duelo que, en realidad, no es más que la lenta aceptación de que nos falta un familiar. Sentimos que ya no lo veremos más y nos provoca rechazo pensar que en algunos años no se acordarán de él o ella. Que caerá en el olvido.

El hecho de que la muerte sea un tema tabú (depende, por supuesto, de cada país) y de que veamos más factible ir a un entierro, decirle al familiar más allegado que era una buena persona y luego ir a llorar las «penas» al bar es una forma de actuar muy cristiana. El motivo de que los iberos no temieran a la muerte o fuera algo tan naturalizado para ellos se hace evidente si pensamos que eran pueblos guerreros, «más brutos que un arado», como se suele decir, y que preferían morir antes que rendirse. Por eso, casi todos los dioses que tenían, por no decir todos, eran dioses ctónicos o psicopompos. Dependiendo de la zona de la península ibérica, unos eran más aclamados que otros.

Para los iberos, como para todas las civilizaciones antiguas, la muerte no era ningún tabú. Era un paso más, una parte de la vida y, aunque esta también podía llegar a ser dolorosa, al menos tenían la certeza de que su ser querido pasaría a una mejor vida reencarnándose. De hecho, se pasaban la vida pensando en el día que ellos faltasen, dónde y cómo los enterrarían y qué dejarían atrás. Para ellos, esta vida era prácticamente el paso a LA VIDA REAL, que era la muerte. El alma viajaba hasta el más allá, pero debía hacerlo segura, con alimentos, ropajes y, en algunos casos, incluso armas para defenderse de los monstruos que pudieran aparecer en el camino. Evidentemente, no era un camino fácil, y, dependiendo de cómo fuera el alma, el resultado sería favorable o no tanto. En cualquier caso, siempre podían contar con la ayuda de la chamana-sacerdotisa que, sentada al lado del cuerpo del fallecido, ejercía de psicopompo mortal y le susurraba instrucciones detalladas para que su alma llegase a buen puerto.

La muerte ibera era un poco clasista, aunque eso también puede extenderse a otras civilizaciones y creencias. Si eras de alto rango social, tenías una muerte muy diferente a la de los hombres y mujeres del pueblo. También pasaba en Egipto, Mesopotamia o Roma, donde los líderes, faraones o césares se verían en el más allá con una tumba decorada y repleta de ajuares de un valor incalculable.

Se conservan muchos restos en tumbas familiares, y las necrópolis están llenas de restos de nuestros antepasados. Estas necrópolis se situaban cerca del poblado, pero no dentro. Aun así, en el interior del *oppidum* también había restos óseos pertenecientes a niños, mujeres y ancianos. Se sabe que el motivo era la creencia de que el alma podría permanecer cerca del hogar para guiar y proteger a sus familiares. Tenerlos cerca también permitía rendirles culto en rituales domésticos entre el calor del hogar y los suyos. En algunas casas se reservaba una habitación única y exclusivamente al altar dedicado a los ancestros. Estas estancias o altares eran, a menudo, proporcionalmente más grandes que las demás, porque los iberos concedían mucha importancia a sus antepasados, sus almas y sus poderes apotropaicos hacia el hogar.

Es posible que te preguntes hacia dónde iban los muertos en el mundo ibero. Según se cree, iban a los campos de la luna, y allí las ánimas disfrutaban de una eternidad protegidas por la diosa. Dependiendo de su alma, de la pureza de sus acciones y de la grandeza de su corazón, el difunto iba destinado al lado luminoso de la luna o, por el contrario, al lado oscuro de ella. Este más allá sí mola, ¿verdad? Entonces quedémonos con esta versión, porque creer, al final, construye tu realidad.

PSICOPOMPOS

Si hay algo de este tema que me encante es la figura del psicopompo. Es el ser, deidad, alma o energía que se encarga de llevar las almas desde el cuerpo ya fallecido hasta el lugar que corresponda. Según tu alma sea pura o impura, te llevará a un sitio u otro, dependiendo también de la creencia, del lugar y de la religión. En el cristianismo, es el cielo o el infierno, y, como psicopompos, nos encontramos a la Virgen María o incluso el arcángel san Miguel, de gran importancia. Para los griegos es Caronte, el que navega con su barco por el río Aqueronte, o incluso Hermes para los soldados y personas que en vida tuvieron un gran valor y coraje. Para los celtíberos era Ataecina, como ya he mencionado anteriormente.

En el mundo ibero, la diosa madre o el dios padre eran portadores de almas al más allá, pero también tenían una serie de seres o animales que los asistían, protegían la tumba e incluso ayudaban a la sacerdotisa a cumplir su función: las esfinges, el grifo y el lobo.

ESFINGES

Conocemos las esfinges sobre todo gracias a la cultura griega o la egipcia, pero es una realidad que los iberos las consideraban figuras endiosadas que portaban las almas al más allá. Y es que todo difunto necesita un método de transporte al otro mundo o a la otra vida. Esta figura, con cuerpo de leona alada (le da un carácter sobrenatural, incluso superior a la figura humana) y cara de mujer, hacía de psicopompo e incluso protegía tanto a los fallecidos como a los recién nacidos. Prueba de ello son las esculturas en infinidad de tumbas o monumentos funerarios en los que se las representa llevando niños, como en el caso de la Esfinge de Elche. A pesar de que muchos pueblos antiguos la veían como una figura maligna cuya presencia significaba mala suerte y maldad, los iberos la consideraban una figura benigna que formaba parte de la corte de la diosa, quien le asignaba portar las almas más puras y justas en vida. Por tanto, no se encargaba de llevar a personas malvadas, sino a las que tenían un alma pura y presumían de buenaventura.

Además, su propia presencia designa el conocimiento y se la considera compañera y guía de las almas de la diosa. El hecho de que protegiese y custodiase a los niños fue el motivo de que los iberos la amasen e incluso la venerasen en momentos complicados, pues también existía la creencia de que portaba las peticiones de los creyentes para que la diosa pudiera escucharlas.

Grifo

Esta figura de cabeza y alas de ave combinadas con un cuerpo felino también se encargaba de conducir a las almas al más allá. Se asocia al dios que guiaba las almas de los guerreros, de los hombres de bien y de quienes cuidaban de su hogar y su familia con humildad.

Era intermediario o puente entre ambos mundos, pero a la vez custodiaba los tesoros y los ajuares de las tumbas para que el muerto mantuviera la dignidad que había obtenido en el combate. También ejercía de juez en los juicios de las almas, como Osiris en el mundo egipcio, y defendía al muerto en sus hazañas para que llegara sano y salvo al más allá.

Como símbolo apotropaico, se ponía en las tumbas para protegerlas y evitar los saqueos de ladrones. Así, se le consideraba un genio protector, como los *lammasu* de Mesopotamia. Tenía relación con el dios padre, dios de las nubes de tormenta y la lluvia, e incluso se creía que las noches de rayos podía transportarse con más rapidez a través de ellos.

Estudiosos como Ángel Carlos Pérez Aguayo (en su obra *La grifomaquia. Breve historia de un largo combate*) han analizado esta figura en su vinculación con el combate como rito de paso hacia la ultratumba propio de las sociedades aristocráticas de la Antigüedad: «Según esta hipótesis, el grifo representaría las fuerzas salvajes de la naturaleza —como encarnación de las potencias caóticas, terrenales y celestes— que el guerrero ha de domeñar para imponer el orden antes de su inserción, por legítimo derecho propio, en el ultraterreno mundo heroico, como antes hiciera Heracles con las criaturas a las que se enfrentó».

Otra curiosidad es que este ser, si quería, dejaba salir al muerto de su refugio eterno para que disfrutara de un tiempo fuera de la tumba, y también elegía a los merecedores de la inmortalidad. Además, el grifo personificaba los poderes de los dioses del inframundo que defendían a los humanos de enfermedades y del mal. Era, pues, ministro de divinidades y protector del árbol de la vida. Bastante completo, ¿verdad?

El devorador del pasado que personificaba las divinidades de la noche y la tierra. Se le conoce sobre todo por ser un acompañante fiel de la famosísima diosa Hécate y, de hecho, prácticamente tiene el mismo carácter, ya que también es guardián de los lugares santos, de los lugares de culto ctónico o, incluso, de las puertas del inframundo (en este caso, de las cavernas, pues tenía el poder de descender al más allá a través de ellas).

El gran lobo ibérico era acompañante espiritual y físico de ritos, como los de paso, en los que ayudaba a transitar del mundo profano al sagrado. No obstante, lo más llamativo desde mi punto de vista es que no solo era un psicopompo de almas, sino también un psicopompo psicológico que acompañaba en la muerte. Esta muerte se entendía como interna (no muerte física) y suponía una evolución del alma en la que se pasaba de ser una cosa a otra totalmente diferente. El lobo acudía después de la muerte y le susurraba al fallecido para que su alma se despegase del cuerpo, así lo podría llevar al más allá. El lobo devoraba el pasado del hombre o de la mujer y lo acompañaba al fin del mundo para que creciera y resurgiera como una persona nueva. Guiaba por el buen camino y, por esta razón, el lobo en la sociedad ibera también se consideraba una especie de custodio.

Para los iberos, el lobo era tan importante que lo consideraban un símbolo de guerra y usaban su cabeza como protección ante la muerte en el combate, pero también como guía para encontrar la salvación. Algunos animales alados también tenían estas características, como la paloma, la codorniz o la perdiz. Eran símbolos de la diosa, como también ocurre con otras divinidades como la Astarté fenicia o la Tanit púnica. Dependiendo de la importancia del alma, solía ir la propia diosa o los animales asociados a ella, que llevaban el alma al reino de los muertos.

En cualquier caso, nos toque el psicopompo que nos toque para que porte nuestra alma, seremos afortunados.

DICCIONARIO MÁGICO ÍBERO

Como ya he ido comentando, el mundo de la brujería, la magia y las creencias de los iberos es muy muy amplio y necesitaríamos muchísima bibliografía para explicarlo todo sobre ellos. No obstante, quiero dejar una breve lista de algunos elementos importantes respecto a las creencias y el ritualismo ibero. Creo que es muy interesante tenerlos en cuenta a la hora de ejercer este tipo de magia arraigada a las creencias de nuestros ancestros. Luego, cada cual puede implementarlo como mejor le convenga, pero siempre manteniendo el respeto hacia la creencia ancestral.

ÁRBOLES Y FRUTOS SAGRADOS

EL OLIVO

La península ibérica siempre ha sido rica en olivos, y, por ese motivo, nuestra civilización ibera los usaba en muchos preparados y en comidas, pero también con fines medicinales y cosméticos. En su uso mágico predominaba el poder purificante que obtenían de él, ya que este árbol que nos proporciona oro líquido tenía como referencias mágicas la paz, la alegría y la protección como árbol apotropaico: se decía que, si su luz iluminaba a alguien, esa persona recibía sus propiedades protectoras y curativas.

Lo más común eran los baños purificantes y protectores, que ejercían en la persona ese beneficio mágico, pero también se podía ungir casi todo (como exvotos, marcos de puerta, pelo al trenzarlo) para darle esa protección extra necesaria dentro y fuera de los rituales.

Uno de los símbolos protectores del olivo eran las ramas colgadas en la puerta de entrada de las casas, en chimeneas, ventanas o encima de las camas (ya que en el sueño estamos más indefensos que en el estado de vigilia) o las coronas de olivo.

Ofrenda con el olivo

Llena de aceite de oliva un frasco pequeño de cristal y colócalo en el altar donde tengas a tus dioses, en el espacio donde rindas culto a tus ancestros o en tu lugar de trabajo. Esta pequeña ofrenda te hará sentir más cerca de sus espíritus y almas y te protegerá en tu momento de trance cuando trabajes o en las situaciones de más vulnerabilidad por el desgaste de energía.

Otra cosa que me gusta hacer es esconder hojas de olivo en objetos como los marcos de las puertas o la parte posterior de los marcos de fotos. De ese modo se atrae a la suerte. También puedes moler las hojas secas y usarlas en preparados, macerados, sal negra, etc.

LAS GRANADAS

Esta deliciosa fruta forma parte de la iconografía asociada a la diosa y tiene el simbolismo del renacer de la vida después de la muerte, la necesidad de estar durante un tiempo en la oscuridad para luego resurgir y crear el milagro de los campos verdes y fértiles que nos proveen de cosechas.

Seguro que te recuerda al mito de Perséfone, que, después de ser liberada por Hades, el dios griego del inframundo, se come unos granos de granada en su camino a la superficie, cosa que la obliga a volver cada seis meses con él.

La granada también es símbolo del amor y de la fertilidad, por lo que, si vas a trabajar con estos aspectos, es aconsejable que la uses. Puedes utilizar la cáscara seca como incienso o el jugo de sus granos como elixir en cualquier preparación.

EL TRIGO Y LA CEBADA

Se utilizaban en rituales de cosecha y de fertilidad, ya que, como puedes imaginar, en aquellos tiempos la vida no era como ahora: si había lluvia y trigo, había comida; si, por el contrario, los cultivos se echaban a perder, escaseaba el alimento y debían subsistir con otros productos que quizás no eran tan agradecidos.

Ya sea creando muñecas para ofrecer a la diosa madre, fabricando licores para rociar los altares, ofrecer libaciones y regar los campos, el trigo y la cebada eran los alimentos con los que se hacían más rituales. Estaban asociados a deidades muy solares de poder fértil.

EL *KYKEON* IBERO

Esta (no se sabe el nombre usado por los iberos) era una bebida a base de agua, cebada o cualquier gramínea y menta.

Mágicamente o no, a este tipo de cereales les sale un hongo llamado «cornezuelo», que tiene facultades psicoactivas, por lo que esta bebida se usaba tanto en ritos como en fiestas que tenían que ver con una muerte simbólica y su posterior renacimiento.

Esto también podría ser parte de un «teatro» en el que veneraban la muerte de la diosa de la naturaleza, que se adentraba en los dominios infernales para resurgir seis meses después.

OTROS ÁRBOLES Y FRUTOS SAGRADOS

Sabemos que los iberos lo adoraban todo, que todo era sagrado y válido y que, a diferencia de hoy, le rendían culto a cualquier cosa por el simple hecho de existir. Por ello, la palmera también se consideraba un árbol sagrado, pues daba dátiles, un fruto asociado a los dioses. Incluso se creía que las palmeras eran el refugio de los dioses.

No olvidemos la importancia que tienen las ofrendas a los dioses y los frutos asociados a ellas, como los higos, el trigo de la primera cosecha, los piñones, las bellotas y el pan que elaboraban con ellas, la cerveza, las uvas, las peras o las manzanas.

Todos se consideran sagrados porque eran frutos de la diosa madre.

ANIMALES

EL TORO

El toro es un animal muy común en la península ibérica. Muchas personas lo relacionan con España por la cultura asociada a él (no me refiero a las corridas de toros ni al maltrato que reciben los pobres animales).

Desde antaño, ha sido un animal protagonista de ritos, ya que se asocia con el dios fecundador, el dios que provee. A la vez, es símbolo de continuidad, de ciclo y renacimiento. Sin embargo, no solo encarnaba todo eso, sino que, para los iberos, el gran toro era la representación del dios en la tierra. Como los faraones en Egipto, con la diferencia de que en el mundo ibero eran los animales quienes llevaban dentro al dios o la diosa.

Este gran animal con principios masculinos debía morir cada año en otoño para volver a la vida cada primavera y fecundarlo todo, de manera que creara vida nueva. La diosa, por su parte, debía encargarse de estar fértil.

LA CODORNIZ

La codorniz tiene un gran simbolismo: es un animal autóctono de la península ibérica que siempre ha representado lo divino, el vínculo entre lo cósmico y lo terrenal.

Sus huevos se usaban en rituales de protección, y las propias codornices, en ritos de amor y atracción, lo cual hace su estudio muy interesante.

Es sabido que muchos pueblos paganos ofrecían sacrificios en rituales, es decir, que era una práctica habitual. En el caso de los iberos, cuando ofrecían estos sacrificios, luego se comían esos animales en banquetes para celebrar sus festividades. Por tanto, no es muy diferente de lo que hacemos hoy, solo que ellos —a diferencia de nosotros— respetaban al animal y lo consideraban digno de convertirse en una ofrenda a la divinidad, lo cual hacía que ninguna muerte fuera en vano.

La sangre, sin embargo, sí que se guardaba para usarla en rituales amatorios: por ejemplo, pedir que el hombre volviera a casa después de una guerra, que no se quedara con otra, que siguiera siendo proveedor y protector de una casa, o que la pasión en el matrimonio fuese incluso más fuerte que al principio.

LA SERPIENTE

Normalmente, solemos tener un estigma muy grande cuando pensamos en las serpientes, aunque dentro del mundo pagano tienen un gran simbolismo, tanto mágico como espiritual. Curiosamente, este animal se asocia a todas las divinidades con carácter curativo o sanador y a los que se dedican a la magia o las artes mágicas.

Por lo general, eran divinidades masculinas (aunque algunas femeninas tienen a la serpiente como compañera), especialmente, las divinidades con ámbito ctónico que tenían la autoridad de descender a la tierra para ejercer su papel de custodios de sepulturas, proteger el espíritu de los muertos y velar por su sueño eterno.

La piel (que representa el renacer anual y los ciclos, ya que la serpiente muda de piel y esta se regenera como lo hace la tierra), la sangre y los colmillos eran ingredientes muy importantes en los rituales de sanación, en los rituales funerarios y en todo lo que tenía que ver con la vida eterna. Por otro lado, este animal se relacionaba muchas veces con el olivo para representar la dualidad. En la cerámica ibera, la serpiente aparece pintada y se muestra vinculada a la diosa como expresión de los poderes de esta en su aspecto infernal.

LA CIERVA

Si hay un animal al que los iberos tenían un cariño especial, era la cierva. Esta nodriza (como ellos la veían) de aspecto fúnebre y a la vez fecundante se relacionaba con la diosa indígena y, lo mismo que palomas, perdices y codornices, actuaba de mensajera.

Se la consideraba madre divina de la naturaleza, del territorio e incluso de los niños del poblado, ya que era su protectora y vigilante. Cuando uno de estos animales se acercaba al poblado, se celebraba como un buen augurio, pues indicaba que sería un año fértil en todos los sentidos.

Sin embargo, también tenía un lado más tenebroso, relacionado con la muerte y el más allá. Era, pues, un animal muy de ciclos, de luz y oscuridad, de vida y muerte.

OTROS ANIMALES SAGRADOS

Muchos conocemos el cuervo, incluso más en su versión «negativa» fomentada por una sociedad más tardía, donde ya el cristianismo había impuesto sus parámetros sobre lo bueno y lo malo. El cuervo era uno de los animales más asociados al mensajero celestial: se le consideraba un ser con sabiduría que respondía a muchas de nuestras preguntas a través de varios ejercicios de adivinación a partir de sus plumas o de su sonido.

En el mundo ibero existe una curiosidad que me encanta, y es que, como sabemos, los iberos eran muy guerreros e iban de poblado en poblado arrasando, pues era parte de su negocio. Cuando los muertos yacían en el campo de batalla, se creía que sus almas no llegaban al cielo hasta que los cuervos se hubieran comido sus cuerpos ensangrentados. Cuando las aves alzaban el vuelo, las almas de los difuntos ya podían yacer tranquilas en la luna. Al ser guerreros, evidentemente descansarían en el lado luminoso de esta.

Y, hablando de descanso, quiero hablar ahora del principal protector de tumbas funerarias: el león.

Este rey también tiene un hueco en tierras ibéricas. Aunque actualmente no haya leones, por lo que se ve sí los había hace varios miles de años (y, si no era así, lo usaban bastante como simbolismo). Dentro de la mitología ibera representaba el papel de protector ctónico de sepulturas y ajuares, en algunos momentos incluso de templos y ciudades, ya que tenía también la potestad de alejar el mal y triunfar sobre la luz.

Muy habitual en las esculturas de las tumbas, sabemos actualmente que quienes usaban ese símbolo eran personajes de elevada posición social o económica cuya alma estaba heroizada, como la de quienes luchan contra el león (llámese Hércules, Heracles o Melkart).

Pero lo que más me gusta es cuando se usaba como alegoría de la muerte por su ferocidad y su gran poder: sus melenas simbolizaban el fuego que quemaba el cuerpo en los ritos funerarios.

HUESOS

Aunque el uso de huesos en rituales y ofrendas parezca un poco descabellado, en realidad era muy común. Incluso era normal rendir culto a los propios huesos de animales, ya que estos conservaban la energía o el genio del animal. Por otro lado, los huesos o tabas servían para predecir el futuro a modo de oráculo o de juego infantil en los poblados iberos.

Los huesos eran un elemento importante del mundo ibero, ya que la muerte (como se ha visto, sus creencias tenían mucho que ver con la muerte, lo ctónico y lo celestial-infernal) era cotidiana, era lo normal y, por lo tanto, en su día a día había espacio para los huesos igual que para la sangre, las uñas, el pelo y las vísceras por la ley de contagio (todo lo que una vez estuvo en contacto con los huesos influía aunque en ese momento no se tocaran). No es de extrañar, pues, que los iberos usasen los huesos en ritos de protección y ceremonias destinadas a atraer la suerte, pero también en rituales de adivinación y para obtener atributos de su portador.

AGRADECIMIENTOS

No puedo terminar sin agradecer a los que me apoyaron todo este tiempo. Ha sido un proyecto duro, con muchas horas de investigación y para el que, por respeto, pensaba mil veces cada frase que escribía.

Quiero dar las gracias a mi luz, mi suerte, a mi *luck*; sin él esto no sería real. Gracias por cada café, por cada sándwich, por preguntar cada día por el libro y por hacerme creer que podría con todo. Sus palabras han sido la gasolina para ponerme a escribir tras un día duro de trabajo. Eres mi todo. Una vez más, me demuestras que eres un ser mágico, y, sin tu magia, nada es posible.

Gracias a mi mano derecha, por aguantarme cada día por las horas y horas de charlas sobre los iberos, por hacerme soñar con todo esto. Por nuestras fantasías sobre lo que vendría durante y después del libro y por celebrar conmigo cada mínimo o grandioso logro.

A mi madre y amigas, por estar ahí con palabras de aliento en días pesados, y por celebrar cada pasito y brindar conmigo en los más buenos.

Sebas: gracias por guiarme, por decirme donde debía ir y qué debía leer. Eres un gran arqueólogo.

A mis seguidores, pues, aunque ellos no lo crean, jamás habría podido visibilizar mi cultura ancestral sin su apoyo. Os adoro.

Y, sobre todo, gracias a los que nunca creyeron en mí e intentaron callarme: ellos han sido el fósforo que ha prendido en mí el espíritu de rebeldía y han hecho darme cuenta de que la difusión sobre el mundo ibero y su espiritualidad hacía mucha falta para que lo desconocido deje de ser un estigma.

Espero que vuestra vida sea custodiada por los mejores lobos, que los dioses guerreros iberos os protejan, que la dama más hermosa de todas os guíe en vuestro camino y que la diosa llene vuestra vida de abundancia para que, cuando dejéis de existir, vayáis al lado correcto de la luna.

BIBLIOGRAFÍA

Amigo calzada, «La letra zeta», <https://amigocalzada.es/3-Letra%20Z.html>.

Annuit Coeptis, «Ancient Iberian and Celtiberian scripts» (publicación en foro), *Hispanismo.org*, <https://hispanismo.org/english/13873-ancient-iberian-celtiberian-scripts.html>.

arturjotaef, *Numância*, <https://arturjotaef-numancia.blogspot.com>.

«Cueva de Altamira», Museo Nacional y Centro de Investigación de Altamira, Santillana del Mar.

Detectives de la historia, «Manantiales y pozos sagrados», <https://www.detectivesdelahistoria.es/manantiales-y-pozos-sagrados/>.

Díaz, Laura, «Los animales sagrados y sus divinidades en la Hispania prerromana», *Céltica Hispana*, <https://datospdf.com/download/los-animales-sagrados-y-sus-divinidades-en-la-hispania-prerromana-_5a44fe14b7d7bc422ba21ad8_pdf>.

Díaz-Montexano, Georgeos, «Egibaler "Dioses Creadores/Hacedores"», The Epigraphic Society, <https://atlantisng.com/blog/wp-content/uploads/2021/06/Egibaler-Dioses-Creadores.pdf>.

El profesor, «El dios íbero Kaukor», *Voces de Bronce y Hierro* (2 de octubre de 2021), <https://vocesdebronceyhierro.es/archivos/1406>.

Eliade, Mircea, *El chamanismo y las técnicas arcaicas del éxtasis*, Madrid, Fondo de Cultura Económica de España, 2001.

Estrabón, *Geografía*, vols. 1–3, Barcelona, RBA, 2008.

Frazer, James George, *La rama dorada. Magia y religión*, Madrid, Fondo de Cultura Económica de España, 2011.

Gómez Espelosín, F. Javier, *Heródoto, Coleo y la Historia de la España Antigua*, Alcalá de Henares, Universidad de Alcalá de Henares, 1993.

Jaquemot Ballarín, Antoni, *Método para conseguir el desciframiento de la lengua ibérica: substrato, toponimia, divulgación de autores clásicos y el euskera genuino*, Zaragoza, Jornadas de lengua y escritura ibérica, agosto de 2015.

Jordá Sánchez, Javier, «Santuarios y otros lugares de rito iberos», *Crónicas históricas de Requena* (19 de mayo de 2016).

La trompeta de Jericó, «De los jeroglíficos al alfabeto latino», <https://latrompetadejerico.com/historia/de-los-jeroglificos-al-alfabeto-latino/>.

Ledo Caballero, Antonio Carlos, «*Niger fluvius*: aguas oscuras y dioses infernales. El caso de Endovélico», *Hispania Sacra*, vol. 69, núm. 139 (2017), pp. 7–17.

Macrobio, *Saturnales*, Barcelona, Gredos, 2009

Moneo Rodríguez, Teresa, Religio iberica*: santuarios, ritos y divinidades (siglos VII-I a. C.)*, Madrid, Real Academia de la Historia, 2003.

Omniglot, «Celtiberian», <https://www.omniglot.com/writing/celtiberian.htm>.

Omniglot, «Iberian scripts», <https://www.omniglot.com/writing/iberian.htm>.

Pérez Aguayo, Carlos, *La grifomaquia. Breve historia de un largo combate*, Semana de la Ciencia 2017: Culturas e imaginarios del Mediterráneo Antiguo IV, Madrid, Universidad Complutense de Madrid, 2017.

Platón, *Critias o la Atlántida*, Barcelona, Aguilar, 1963.

Platón, *Timeo*, Madrid, Abada, 2010.

Porlan, Alberto, «La oscura lengua de los iberos», *Muy interesante* (27 de junio de 2014).

Pozo Felguera, Gabriel, «El Pozo Airón de la calle Elvira: ¿morada del dios ibero o apaciguador de terremotos?», *El independiente de Granada* (24 de diciembre de 2017).

Ramírez Moreno, José, «La influencia del arte prehistórico en el origen de las escrituras paleohispánicas. Bases para un debate», *Revista Atlántica-Mediterránea de prehistoria y arqueología social*, vol. 20 (2019), pp. 75–108.

Ramos, Rafael, *Los Iberos. imágenes y mitos de Iberia*, Córdoba, Almuzara, 2017.

Rísquez, Carmen, y Carmen Rueda, eds., *Santuarios iberos: territorio, ritualidad y memoria. Actas del congreso «El santuario de la Cueva de la Lobera de Castellar (Jaén). 1912–2012»*, Jaén, Asociación para el desarrollo rural de la Comarca de El Condado, 2013.

Santacana, Joan, y Joan Duran, *Lo sagrado y lo abominable. La cocina de los pueblos prerromanos de España*, Asturias, Trea, 2011.

Santos Velasco, Juan Antonio, «Naturaleza y abstracción en la cerámica ibérica con decoración pintada figurada», *Complutum*, vol. 21, núm. 1 (2010), pp. 145–168.

Saucedo J., Hermes «Runas: Un estudio personal», *Þa Wyrdes Wegas* (2016), <http://wyrdeswegas.com/wp-content/uploads/2016/03/runa.pdf>.

Silgo Gauche, Luis, «El vocabulario de la inscripción ibérica Pico de los Ajos IIA (Yátova, Valencia) (MLH. F.20.1)», *Arse*, vol. 43 (2009), pp. 17–32.

Thorsson, Edred, *Futhark: la magia de las runas*, Barcelona, Obelisco, 2006.

UJA. Cultura, *Encuentros con la cultura: El significado de los exvotos iberos en bronce*, Youtube, 14 de octubre de 2021, <https://www.youtube.com/watch?v=F0qvpOlcHVo>.

Vázquez Hoys, Ana María, *Las golondrinas de Tartessos: sobre el origen de la escritura*, Córdoba, Almuzara, 2008.

Villamor, Fernando, *Diccionario y gramática básicos de la lengua ibera*, Getafe, 2020, <https://www.academia.edu/43667202/DICCIONARIO_Y_GRAMÁTICA_BÁSICOS_DE_LA_LENGUA_IBERA>.

Wiki Mitología ibérica, «Endovélico», <https://mitologiaiberica.fandom.com/es/wiki/Endov%C3%A9lico>.

Wüldenmar Ortiz, Gabriel, *La incansable llamada de Dios. Los secretos místicos de la prehistoria y del paganismo antiguo*, vol. 2, s.c. autoedición, 2014.